労務トラブルから会社と従業員を守る

就業規則の作り方

保険サービスシステム株式会社
保険サービスシステム社会保険労務士法人　著

税務経理協会

はじめに

本書は、中小企業の経営者に向けた就業規則の本です。しかし、ただのノウハウ本ではありません。

3,000社の会社の就業規則作成に関わった経験に基づいて、「会社を守るための、効果的な就業規則の書き方」を的確にやさしい表現で伝えています。すぐに使える就業規則例も豊富に紹介しています。

「企業は人なり」という格言がある一方で、最近の労働環境に目を向けると多くの会社で人手不足と言われているとおり人集めすら難しい状況です。

また長時間労働や未払い残業代、メンタルヘルス等の問題がニュースで取り上げられ、政府が施策を講じ、法律の改正も行われるなど、労務に対する世間の関心が高まってきています。

こうした流れのなかで、これまでよりも問題が問題として取り上げられるケースが増えるとともに、問題化した場合に企業が受けるダメージも大きくなってきています。

そして、きちんと対応できていない会社に対する世間の目は厳しくなってきているのも事実です。

このような動きの中で、労使トラブルを未然に防ぎ、仮にトラブルが起きたとしても速やかに解決するために、就業規則がより重要になっています。

しかし、いざ就業規則を整備しようとしても、どうすればよいのかわからない経営者がほとんどでしょう。生半可な知識で就業規則を作成することで、実態に合わず、かえって会社を不利な立場に追い込んでしまうことがあります。

一方で、十分な知識のもとに、一語一句を吟味して作成した就業規則は、会社を守るための強力な盾になります。そのことが、本書を読めば理解いただけることでしょう。ひとつずつ確認していけば、有効な就業規則を作ることは難しくありません。

就業規則を整備することによって、会社が守られ、結果的に会社で働く従業員の生活が守られる──このような良い循環がめぐる職場づくりのお役に立てれば幸いです。

目　次

第3章　労働時間と休日

第４章　賃金

第5章　安全衛生・健康管理

第6章　休職・復職

第7章　懲戒・解雇

第8章　退職

プロローグ

就業規則の基礎知識

1 なぜ就業規則の見直しが必要なのか①
未払い残業代ビジネスに備える

■ 急増する未払い残業代ビジネス

就業規則とは、会社で働く労働者の労働条件や服務規律（ふくむきりつ）などを定めたものです。会社のルールブックである就業規則を適切に活用しましょう。

会社のルールが整っておらず、就業規則も未整備な場合、さまざまなトラブルを招く恐れがあります。その一つに、未払い残業代のトラブルがあります。

ここ数年、従業員や元従業員が会社に対して過去の未払いの残業代を請求してくる件数が急激に増えています。弁護士や労働組合を介して請求してくることも多く、未払い残業代ビジネスと呼ばれています。未払い残業代は現行労働基準法上過去２年までさかのぼって請求することができるので、従業員１人が一度に300万円ほど請求してくることはまれではありません。

■ うちの会社は運が良かっただけ？

未払い残業代ビジネスが急増した背景は何でしょうか。一つに、未払い残業代の問題を放置している会社があまりにも多いということが挙げられます。中小企業に限ると多くの会社の残業代の支払い方法に問題があるといわれており、多くの会社がその問題に気が付いていません。

この中には、「残業代を支払っていたが、就業規則に不備があり、追加の残業代を支払った」というケースも含まれます。中小企業は、残業に関する規定の整備、つまり就業規則の整備を急がなくてはなりません。

次からは、具体的な対策を説明していきます。

■ 未払い残業代トラブルを起こしやすい会社の傾向

①優良な会社が訴えられやすい

意外かもしれませんが、優良な会社は残業代を請求されやすいのです。

比較的賃金が高い、経営者の人柄がよい、過去に業績が良かった時期が長い、会社に歴史があり、勤続年数の長い社員が多いといった会社です。

傾向としては、社員に優しくお人好しで、「うちの社員に限って」と思い込んでいるタイプの経営者が労使間のトラブルにあいやすいのです。また、社長の代替わりのタイミングも契機になります。相手も「あの社長ならこわくない」と思って訴えてきます。さらに、そのような会社に限って、就業規則が未整備で、無防備なことが多いのです。

②訴えてくる従業員は金銭ほかプライベートな問題を抱えていることが多い

訴えてくる従業員は、金銭面で問題を抱えていることが多いです。例えば、消費者金融から多額の借り入れがある、住宅ローンを抱えている、扶養家族が多い、ギャンブルが趣味といったものです。また、労働時間が長く休日も少ないが給与は低額であったり、元従業員で再就職先が見つからなかったり、もしくは年齢が若い従業員は訴えてくる可能性が高い傾向にあります。

③一度残業代問題に火がつくと、他の従業員にも飛び火する

残業代の問題の行方は、他の従業員も興味を持って見守っています。経過や結果次第で、次から次へと他の従業員に飛び火します。一度ならまだ支払いができても、二度三度と重なると会社が破産に追い込まれることもあり得ます。

■ 対策をとって就業規則の整備を！

未払い残業代のトラブルは経営者をとことん疲弊させます。そして、対策を打たない限り、これから何度も何度もやってくるかもしれません。トラブルを未然に防ぐための就業規則を整備することが最終的な対策ですが、その前にいくつかの下準備が必要です。次の順ですぐに手を打ちましょう。

手順①　過去２年間の未払い残業代を整理する。

残業代請求の時効は現行労働基準法上２年間です。つまり、過去２年分の未払い残業代はさかのぼって請求される可能性があります。一番の解決策は、すぐに清算することですが、すべての従業員に対して過去２年分の残業代を支払うことなど困難な場合もあります。

そこで、従業員一人ひとりと向き合い、認識のズレを確認し、会社の現状を伝えます。そして、解決金などと引き換えに合意書を交わします。

手順②　未払い残業代が発生しない制度を導入する。

過去を清算したら、未来に未払い残業代のトラブルが起こらない仕組みを作ります。実際の労働時間を減らすことも対策の一つですが、すぐに実現することは難しいでしょう。だとしたら、適切な制度を導入するしか方策はありません。

- 始業時刻と終業時刻の管理(→62ページ)
- 残業の許可制・届出制(→85ページ)
- 休日日数の見直しと有給休暇の計画的付与(→83・103ページ)
- １か月単位・１年単位の変形労働時間制(→93・96ページ)
- 定額残業制の採用(→129ページ)

自分の会社の働き方や残業の程度を勘案しながら、未払い残業代が発生しない上記のような制度の導入を検討しましょう。

手順③　就業規則を整備して周知する。

新しい制度は就業規則に規定しないとスタートできません。制度の効果を最大限に発揮するような就業規則を作りましょう。同時に、従業員に新制度·就業規則の周知を行いましょう。

2 なぜ就業規則の見直しが必要なのか②

主要な労働関係法は毎年改定される

■ 法令に反する就業規則は規定がないのと同じ

就業規則を定めていない会社、就業規則を長い間改正していない会社、現行法令に則っていない就業規則を定めている会社はあらゆるリスクにさらされています。

例えば、法改正が実施されて就業規則の規定がその改正内容に反すると、その規定が無効とみなされてしまいます。トラブルが起きたとき、就業規則は強力な盾でなくてはいけません。しかし、法律に対応していない就業規則は、何の効力も持たず、存在意義が薄れてしまいます。

したがって、就業規則は法改正に応じて変更し、常に最新の法律に沿うようにしておきます。変更したら、労働基準監督署に届け出るとともに従業員に周知することも忘れないでください。

■ 法改正には毎年注意を払う

労働関係法は毎年のように改正があります。現在注目されている主要な法改正を見てみましょう。

①平成22年の労働基準法改正内容が中小企業にも適用に。60時間を超える時間外労働の割増率が50%以上にアップ(2022年予定)。
②時間外労働・休日労働に関する協定（36協定)の上限規制（大企業2019年、中小企業2020年予定)。
③同一労働・同一賃金ガイドライン案発表（2016年12月)。具体的法制化へ(大企業2020年、中小企業2021年予定)。
④平成25年の労働契約法改正による無期転換ルールが、実質的にスタート(2018年4月)。
⑤平成29年1月と10月に育児介護休業法が改正。育児休業が最長2歳まで取得可能に。

⑥民法改正により、時効が5年に。労働基準法上の時効『2年』も延長を検討。

いずれも、大幅な就業規則の見直しが必要となります。詳しくは本文でも説明しますが、ここでは改正にともなってどのように就業規則を変更すればいいのか、そのポイントをみてみましょう。

■ 60時間を超える時間外労働の割増率が50%以上にアップする

平成22年４月以降に、労働基準法で定める時間外労働の割増率（詳細は第４章）が改定され、時間外労働の60時間を超えた部分の割増率が、25%から50%にアップしました（45時間超については努力義務）。

過重労働の抑制が改正の目的の一つとなっており、改定前の割増率と比べて実に２倍となる引き上げです。

この残業代の引き上げが行われたのは大企業のみで、中小企業については人件費の負担が急激に増え経営が苦しくなるなどの理由で、適用が見送られていました。しかし、長時間労働を是正しようという動きのなかで、政府は2023年４月１日から中小企業への猶予措置を廃止する見通しです。

●60時間超の時間外労働割増率がアップに

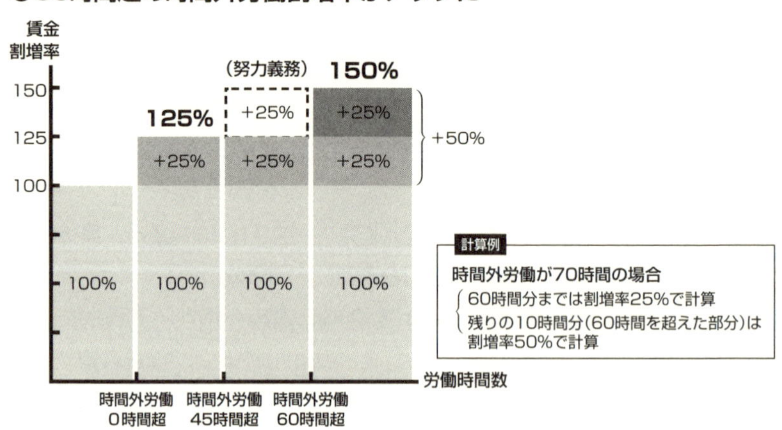

■ 時間外労働の指導強化

今までも時間外労働・休日労働に関する協定、いわゆる「36協定」で残業時間の上限の設定はありましたが、法律での規制はなく、罰則もありませんでした。そのため、特別条項を利用することで残業時間を実質青天井とすることも可能でした。

しかし、政府は月45時間、年360時間を原則とし、臨時的な特別な事情がある場合でも年720時間、単月100時間未満（休日労働含む)、複数月平均80時間（休日労働含む)を限度とし、さらに罰則(企業名公表を含む)も設ける予定です。

※自動車運転業務、建設事業、医師等について、猶予期間を設けた上で規制を適用等の例外あり。

残業時間の削減は避けて通れない問題になります。

■「働き方改革」の一環として、同一労働・同一賃金の議論が活発化

現段階では、労働契約法とパートタイム労働法に、無期契約社員（正社員）と有期契約社員（パートタイム等)で、期間の定めがあるという理由だけで、差別的な取り扱いをすることを禁止しています。正社員とパートタイムの待遇差が、その業務内容や責任の度合いに応じたものであると具体的に説明ができなければ、不合理な労働条件の相違であるとされてしまいます。

このような状況の中で、平成28年12月に同一労働同一賃金ガイドライン案が発表されました。基本給、手当、福利厚生について、典型的な事例においてですが、どのような場合に問題となるかが具体的に記載されています。あくまでガイドラインであるため法的拘束力はありませんが、法制化に向けた一つの指針になると考えられます。

■ 無期転換ルールとは

無期転換ルールとは、労働契約法の改正によりスタートした、有期労働契約が反復更新されて通算５年を超えたときに、労働者の申込みによ

り、期間の定めのない労働契約（無期労働契約）に転換されるルールのことです。

契約期間が１年の場合、５回目の更新後の１年間に、契約期間が３年の場合、１回目の更新後の３年間に無期転換の申込権が発生します。つまり、パートタイマーやアルバイトを含めた有期雇用契約社員を正社員と同じような待遇にし、雇用の安定を図るねらいです。

●有期労働契約が反復更新されて通算５年を超えたときに無期転換への申込が可能に

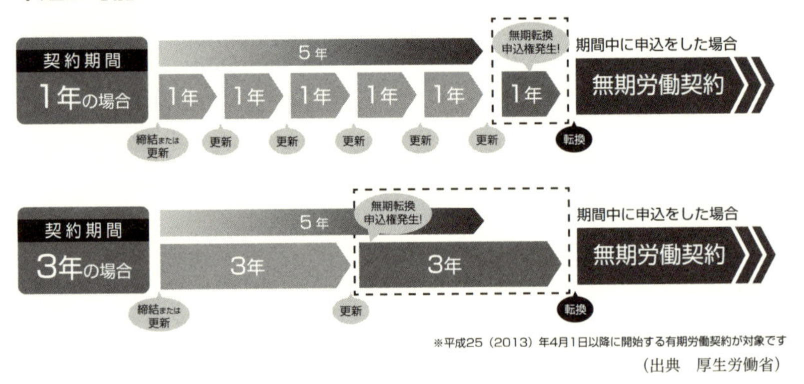

※平成25（2013）年4月1日以降に開始する有期労働契約が対象です

（出典　厚生労働省）

まずは、無期転換ルールに対応した就業規則を備える必要があります。無期転換ルールに対応していない就業規則のままだと、以下のリスクが発生する可能性があります。

⑴　無期転換社員＝正社員となってしまう

⑵　定年後再雇用した嘱託社員から無期転換権を行使される

⑶　無期転換した社員について定年がなくなる

ただし、就業規則を改定する際には、有期雇用契約から無期雇用契約にするだけなので、新たに労働条件を新設する必要はなくその他の労働条件は従前と同一でもかまいません（例：時給制、週３日勤務など）。よって正社員と同じ労働条件にする必要はありません。

■ 育児休業が最長2歳まで　介護休業の分割取得が可能に

原則1歳まで、延長して最長1歳6か月までだった育児休業が、さらに6か月、最長2歳まで延長できるようになりました。1歳から1歳6か月までの延長と同様に、保育所に入れない場合等に限られます。介護休業については、通算93日までであれば、対象家族一人につき3回まで分割取得できるようになりました。また、子の看護休暇、介護休暇については、半日単位での取得ができるようになりました。

■ 未払い残業代の請求時効が5年に？

これまで、未払い残業代の請求時効は、民法では『給料に係る債権』として1年となっているものを、特別法である労働基準法により2年（退職金は5年）としていました。しかし平成29年の民法改正により、短期消滅時効が廃止され、一律『権利を行使することができることを知った時から5年（または権利を行使することができる時から10年）』となりました（改正民法の施行は2020年を予定）。これを背景に、労働基準法における消滅時効も5年に統一しようという動きもあります。

3 会社を守る就業規則の作り方
作り方一つでトラブルを未然に防げる

なぜ就業規則を作るの?

就業規則は、職場内でルールを示すという役割だけではありません。労使のトラブルが起きたときは、盾となってリスクを回避し、会社と大切な従業員を守ってくれるものです。

しかし、それは、適切に就業規則を作れば、の話です。就業規則に不備な面があれば反対にリスクを招き入れてしまいます。会社を守る就業規則をつくるために、次のような点に気をつけましょう。

●会社の経営実態に合ったものにする

自分の会社の方針、規模、業種、就労形態などを考えながら就業規則を作っていかなければなりません。大企業の就業規則や同業他社の就業規則をそっくりそのまま使うのはお勧めできません。大企業の就業規則は従業員に手厚い待遇を定めていることが多く、中小企業がそのまま適用すると、トラブルの原因になる可能性があります。また、同業他社の就業規則であっても、100%適合する訳ではありません。よって、就業規則は会社の実態に即して作成すべきものなのです。

●会社に裁量権を持たせる

中小企業では経営者の裁量の幅が広く、柔軟に対応できる就業規則を作るべきです。

- 最低限約束できることを規定する。

  就業規則は、適用範囲の対象者全員が守らなければならない共通ルールです。会社の観点からいえば、自ら決めたルールは必ず守らなければならないため、最低限のルールにしましょう。それ以上のことを約束するときは従業員ごとに運用上で個別に対応すればいいのです。

- 抽象的な文言は入れない。

  「会社に甚大な(著しい)損害を与えた場合は懲戒処分にする」。

この規定は、一読して何の問題もないように思えますが、「甚大な（著しい）損害ではないから懲戒処分にはできない」とも読み取れます。実際、そのように懲戒処分にできなかった例もあります。抽象的な文言、修飾語は入れないようにします。

・**数字を入れる場合は慎重に。**

よく、「役職給　課長　○○万円」など具体的に賃金額を入れていることがありますが、これは避けましょう。個人別に金額を設定できるように、具体的な数字は記載しないのです。数字を記載するとすべての人に一律で適用しなければならないので、慎重に検討すべきです。また、どうしても数字を記載するのであれば、「○○円～××円」のように幅を持たせて記載をしましょう。

●問題社員を見極める規定をつくる

義務を果たさず、権利ばかり主張するような問題社員。その割合は年々増加しているといわれています。義務を果たしてくれるのか、協調性はあるか、体調は万全かはある程度入社時に見極めることができます（詳細は24～31ページ）。入社後に問題が発覚し、トラブルにならないように入社時に見極めることができるような規定を作りましょう。

●就業規則は１年に１回改定する

毎年のように労働関係の法律の改正が行なわれています。前項で説明したように、法令に反している就業規則の規定は無効です。また、価値観の変化、会社の状況の変化に就業規則は沿っていかなくてはなりません。そのためにも１年に１回は就業規則を見直し、改定しましょう。

本書では、会社を守る就業規則の作り方を解説しますが、難しいと感じるところは社会保険労務士などの専門家に相談するのも一案です。

4 就業規則を定めるときの基本事項①

必ず盛り込まなければならない事項がある

■ 就業規則は事業所単位で作成する

就業規則は、事業所単位で作成します。正社員、パートタイマーなどの従業員が常時10人以上いる事業所では必ず作成し、届出をしなくてはなりません。つまり、一つの会社で本社と支社、営業所があり、それぞれに10人以上の従業員がいれば、それぞれ就業規則を作成することになります。

ただし、従業員が10人未満で就業規則の作成義務がない会社や事業所でも、就業規則を作っておくべきです。すでに説明したように、増加する労使トラブルを解決するためにも、また秩序だった職場をつくるためにも就業規則は必須なのです。

また、業務内容が異なれば就業規則の内容も違ってきます。適用範囲を正社員、パートタイマーなどの種類別にしているものが多いのですが、必要なら部署別に就業規則を作成してもよいでしょう。

従業員が常時10人以上いる事業所では
必ず就業規則を作成しなければならない。

■ 必ず書かなければならない事項がある

就業規則には、必ず書かなければならない事項（**絶対的必要記載事項**）と、会社で行なっている場合に書かなければならない事項（**相対的必要記載事項**）があります。その他は、法令や公序良俗（こうじょりょうぞく）に反しなければ、原則として何を書いてもかまいません。

相対的記載事項である安全衛生や制裁の種類は会社を守るために必要な事項です。ぜひルール化して規定することをおすすめします。

■ 就業規則に記載する事項

絶対的必要記載事項

❶ 労働時間
- 始業および終業の時刻、休憩時間、休日、休暇
- 労働者を2組以上に分けて交替させる場合には就業時転換について

❷ 賃金（臨時に支払われる賃金を除く）
- 賃金の決定方法
- 賃金の締切りおよび支払いの時期
- 計算および支払いの方法
- 昇給について

❸ 退職に関する事項
- 退職の事由について
- 解雇の事由について

相対的必要記載事項

❶ 退職金の規定をする場合に、
- 適用される労働者の範囲、退職手当の決定
- 退職金の支払い時期について
- 計算および支払いの方法

❷ 臨時の賃金・最低賃金額について
- 賞与など臨時の賃金について
- 最低賃金額について

❸ 費用負担関係
- 労働者に食費、作業用品その他の負担をさせる場合は、その事項について

❹ 安全衛生関係
- 安全衛生に関する規定をする場合、その事項について

❺ 職業訓練関係
- 職業訓練に関する規定をする場合、その事項について

❻ 災害補償・業務外の傷病扶助関係
- 災害補償及び業務外の傷病扶助に関する事項

❼ 表彰・制裁関係
- 表彰の種類などについて
- 制裁の種類などについて

❽ その他
- 事業場の労働者すべてに適用されるルールについて

5 就業規則を定めるときの基本事項②

作成から届出・変更まで

■ 就業規則は会社主導で作成してよい

就業規則は、作成時に従業員などの意見を取り入れることが必要条件ではありません。会社主導で作成してよいのです。ただし、届出の際に「従業員の代表者」に就業規則を見てもらい、「意見を聴く」ことが義務づけられています。

会社の中に従業員の過半数が加入する労働組合がある場合は、その労働組合の代表者が、そのような労働組合がない場合は、一般従業員の中から投票、挙手などによって過半数の支持を得た人が、「従業員の代表者」となります（法律上、会社側が指名してはなりません）。なお、管理監督者である部長などを選出することはできません。

こうして選ばれた従業員の代表者は、就業規則の内容を確認し、意見書を提出します。義務はあくまで「意見を聴く」ことであり、「意見を取り入れること」ではありません。つまり、意見書の内容が反対の意見を示すものであっても、就業規則を変更する必要はないのです。

■ 所轄の労働基準監督署に届出する

次に、**労働基準監督署**に届出をします。就業規則に就業規則届、**従業員代表者の意見書**を添付して、事業所の所轄の労働基準監督署に届出します。ただし、10人未満の事業所の届出は任意です。

提出の際は、書類を２部ずつ用意するのを忘れないでください。１部は労働基準監督署に届出するもので、もう１部は事業所で周知用に使うものです。労働基準監督署で保管するものだけでなく、事業所用のものにも受理印を押してもらいます。これで、事務所用の就業規則が原本であり、いつ監督署に届出をしたかということが誰の目にもわかります。

■ 不利益変更をするときは注意

就業規則は、法改正や価値観の移り変わり、会社の成長などに応じて変えていく必要があります。就業規則の内容を変更するときは、作成するときと同じ手順をふみます。規定を変更後、従業員の代表者から意見を聴き、労働基準監督署に届出します。

ただし、経営状況などをかんがみて、退職金規程の削除、賃金のカットなど、労働条件を引き下げる変更(**不利益変更**)をしなければならないことがあります。その際は、全従業員および労働組合と交渉を行ない、不利益変更の内容について同意を取る必要があります。

一般的には全従業員のほとんどの同意を得られれば、不利益変更に合理性があるとみなされます。ただ、不利益を被る従業員に偏りがないか、会社側にとってどうしても変更しなければならないことなのか、従業員への代償措置などはあるか、同業他社の状況はどうか、などの点も考慮され、その変更が合理的かどうかを総合的に判断されることもあります。

●就業規則　作成・変更～周知までの流れ

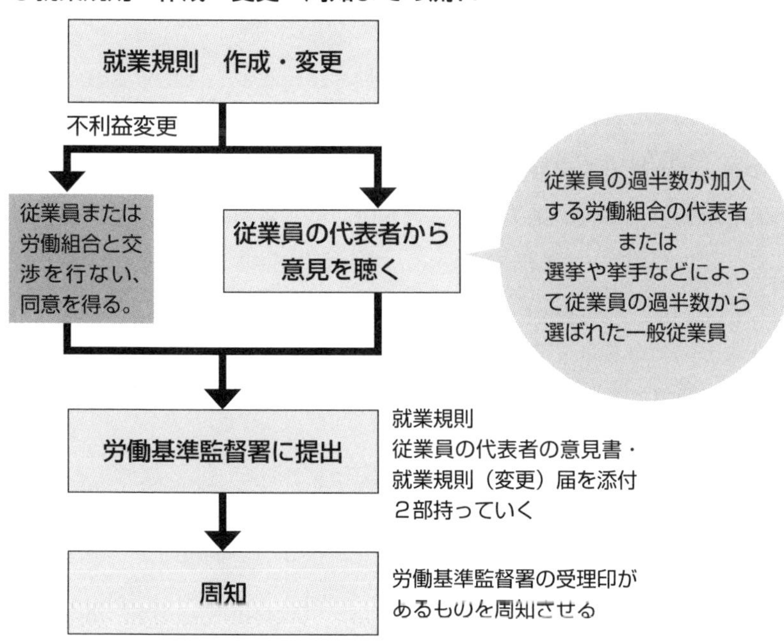

就業規則を定めるときの基本事項③

従業員に周知させなければならない

■ 周知されて効力を発揮できる

前項で、就業規則の作成から届出までの手順を説明しましたが、実は大事なのはその後です。就業規則は従業員全員に対して周知することによって効力が生じるのです。つまり、どんなにすばらしい就業規則を作成しても、きちんと労働基準監督署に届出をしても、職場内で十分に周知させていない就業規則は効力がありません。

労働基準監督署に届け出た日付は、「この日に適正な手続きで届出がされました」を表しているにすぎません。反対に、就業規則を労働基準監督署に届け出た後に、周知しなければ効力が認められないこともあります。届出以前から就業規則が従業員に周知されていれば、届出日以前の効力が認められることもあります。

■ 周知の方法－デジタルデータであってもOK

周知方法は、必ずしも全従業員に書面で交付する方法に限られてはおらず、次のような方法が考えられます。

①常時、各事業所の見やすい場所へ提示する、または備え付ける

就業規則を、職場の従業員の誰でも目にできる休憩室等に置いておきます。「誰でも目にする場所だから、宅配便の荷物の受け渡し場所に置いている」という会社もあります。中には、社長室の金庫の中に保管しているケースがありますが、これはNGです。

②電子記録媒体等に記録した内容を常時従業員が確認できる機器を各作業場に設置する

社内ネットワークでアクセスして閲覧できるといった方法をとってもかまいません。

■社長や管理者は就業規則を理解しておく

従業員に周知は行っているけれど、肝心の社長が就業規則の内容を忘れている、間違って覚えているといった会社はないでしょうか。社長や管理者は就業規則の内容を正確に理解しておきましょう。

例えば、時間外労働・休日労働について、

> 時間外労働・休日労働・深夜労働を行なう場合は、事前に所属長の許可を得てください。所属長の許可のない時間外労働・休日労働・深夜労働は原則として認めません。

と定めていたとします。ところが、所属長がこの規定を知らず、従業員が申告しないで残業することが常態化していたら、「制度が形骸化している」としてこの規定の効力が認められない場合があります。そのようなことがないように、就業規則の内容を熟知した管理職等を就業規則の管理・作成の責任者として定めておきましょう。従業員からの質問等には、社長が直接回答するのではなく、管理責任者が回答する仕組みにするのも一案です。

また、トラブルになったときに、訴えられた相手から就業規則の内容を聞かれて、とっさに答えたことが書かれている内容と違っていたとしましょう。それこそ命取りです。「就業規則は形骸化している」「社長の答えが会社の実態だ」と揚げ足を取られてしまうことでしょう。

部長、工場長など、一般従業員を管理監督する立場の人間にも就業規則はしっかりと理解してもらい、就業規則に沿った行動・指導をすることを守ってもらうようにします。

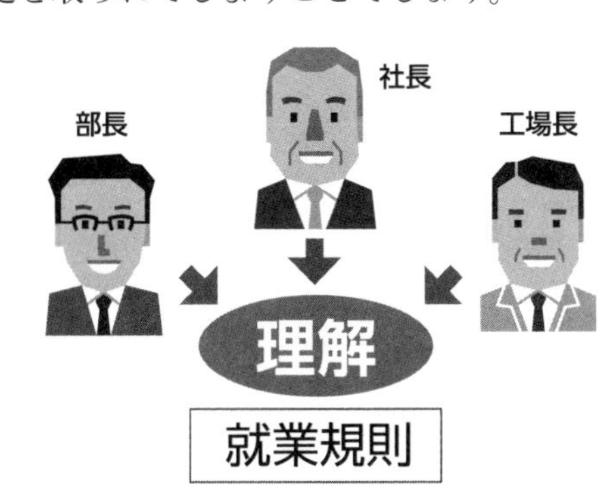

従業員を管理監督する立場の人には就業規則をしっかり理解してもらおう。

7 就業規則の前文と総則

簡潔に記載するのがポイント

■ 前文と総則

前文とは、就業規則の冒頭に入れる部分です。入れても入れなくてもよいですし、入れる場合は書く内容の決まりもありません。経営理念や経営方針、社訓などを盛り込んでいるところが多いようです。

総則では、就業規則の目的、適用範囲、労働条件の変更、就業規則の遵守義務などを記載します。1章から始まる本文の前置きに過ぎないのですから、前文と同様にできるだけ簡潔に記載することがポイントです。

■ 前文や総則に書くべきではないこと

書くべきではないのは「労働基準法その他法令の定めるところによる」という文言です。そもそも「労働基準法」は当然に適用されるものであるため、あえて記載する必要はありません。「その他法令」は通達や労働基準法以外の法令まで含まれます。作成時には想定していなかった法令に拘束されることになり、就業規則の内容が思わぬ方向に解釈される恐れがあります。

■ 適用範囲

総則の中の適用範囲の項目では、就業規則がどんな種類のどの部署の従業員に適用されるのかを必ず明記します。会社によっては、パートタイムや契約社員などの有期雇用契約者に正社員との労働条件に違いを設けているところもあります。この適用範囲が明確でないと、原則としてすべての従業員に適用されるとみなされます。

なお、先に少し触れたように、たいていは正社員、パートタイムといった種類別に就業規則を設けていますが、そうしなければならないわけではありません。正社員でも事業所または部署ごとに仕事のルールはそれぞれでしょう。ですから、正社員の中でも部門別に就業規則を作成してもかまわないのです。

前文の規定例

前文

前文は入れても入れなくてもどちらでもよい。

この規則は、株式会社○○(以下「会社」という)の企業目的を達成するため、会社と従業員とが相互信頼の上に立ち、従業員の福祉の向上と社業の発展を目的として制定するものです。従業員は、会社の方針を尊重してこの規則を遵守し、業務に専念して社業の発展のために務めなければなりません。

総則の規定例

第1章　総則

【目的】

第1条　この規則は、会社と従業員の服務と労働条件その他、就業に関する事項を定めたものです。

【従業員の種類】

従業員の種類は総則に定め、この就業規則がどの種類の従業員に適用されるかをのちの文面に記載する。

第2条　従業員の種類は次のとおりとします。

⑴　正社員

【採用選考】規定に定める採用に関する手続きを経て、期間の定めなく正社員として雇用される者をいいます。

⑵　契約社員

中途採用される社員で、雇用期間を1年以内と定めて、かつ1日の勤務時間が正社員と同じに雇用される者をいいます。

⑶　パートタイム

雇用期間を1年以内と定めて雇用される者で、週の所定労働日数または1日の勤務時間が正社員の基準に満たない者をいいます。

⑷　嘱託社員

定年により退職した社員で、一定の要件を満たし再雇用される者、または定年を超えた年齢で雇用される者をいいます。

⑸　その他特殊雇用形態者

上記に当てはまらない特殊な雇用形態で採用される者

をいいます。

【適用範囲】

第3条　この規則は、前条の規定する正社員（以下「社員」という）に適用します。ただし、労働基準法第41条に規定する監督もしくは管理の地位にある者については労働時間、休憩および休日に関する規定を適用しません。

2．契約社員、パートタイム、嘱託社員、その他特殊雇用形態者についてはこの規則を適用しません。契約社員、パートタイム、嘱託社員、その他特殊雇用形態者は、『有期契約社員就業規則』および個別に定める雇用契約書を適用します。

【労働条件の変更】

第4条　この規則およびその他諸規程に定める労働条件および服務規律等については、【規則の変更】規定に基づき変更することがあります。

【遵守義務】

第5条　社員はこの規則を遵守し、その職務を誠実に遂行しなければなりません。

適用される範囲を明記する。

就業規則が変更されることを書いておく。

第1章

採用・異動・出向

トラブル例①

突然だけど、試用期間の終わる今月末で辞めてもらえないかな。言いにくいんだけど能力不足なんだよ。

どこが足りないんですか。私なりにがんばって仕事をしています！

がんばりは認めるけど、注意しても直らないし。まだ試用期間だから仕方ないよね。

注意をされたことなんかありません！　それに急に言われても受け入れられません。本採用拒否は無効です。不当解雇で訴えます！

◉内定期間中や試用期間中でも、解雇は難しい

試用期間中はもちろん試用期間満了時であっても辞めさせることは簡単ではありません。これは内定期間中も同様です。これらを知らずに「内定取消や試用期間中の解雇は簡単にできる」と誤解している方が意外と多いので、注意が必要です。

内定期間中も試用期間中も条件付きとはいえ労働契約が成立しています。トラブル例のように「試用期間中の解雇は無効だ」と拒否されたら、具体的に“仕事への適格性がない”ことの根拠を示さなければ解雇はできないのです。

◉就業規則に本採用取消事由を記載　有期雇用契約も活用を

このようなトラブルを防ぐためには、まず入社前に「どんな場合に本採用を取り消すことがあるか」を示しておきましょう。試用期間中は従業員の勤務態度、能力、健康状態などについてチェックし、従業員に適宜指導を行っていたという記録をしっかりと残しておきます。➡詳細は51ページへ

あるいは、まずは有期の契約社員として採用するのも一案です。契約社員なら、契約期間が満了した場合、雇用契約はいったん終了となります。その後、試験や面接などを経て正社員に登用する場合、または契約を更新する場合など、選択肢を増やすことができるからです。➡詳細は52ページへ

トラブル例②

社長、この間入社してきた社員が、このところ欠勤続きです。実は前の会社を健康上の理由で退職したそうなんです。

えっ！　面接ではそんなことひと言も言ってなかったぞ！

「聞かれなかったから答えなかった」って言っているんですよね。どうしましょうか……。

◉採用段階でリスクを把握したい！

上記のトラブル例のように、雇った従業員の健康上の不安や、過去に起こした労使トラブルが、後々（のちのち）になって判明することがあります。中小企業の多くは、早々に戦線離脱する可能性が高い従業員を抱える余裕はないでしょう。「採用段階でわかっていたら対策をとれたのに！」というのが本音ではないでしょうか。

◉採用後の発覚は就業規則で対処を

では、採用選考時にリスクを知る方法はあるのでしょうか。応募者から提出を受けた履歴書、職務経歴書や健康診断書を一目見ただけでは、リスクを推し測ることはほぼ不可能です。しかし、記載内容の真偽を調べることはできます。また、自己申告という形で、応募者には過去の健康状態や以前の職場を退職したいきさつなどを質問表に記載して答えてもらう方法もあります。こうしたことと合わせて複数の面接を行い、採用段階で応募者を精査するのが一番の対策です。➡詳細は30ページへ

また、就業規則には、応募者が記載・申告した内容に虚偽があった場合の対処を必ず記載しておきます（たとえば、採用決定後であっても採用を取り消すことがある、など）。この記載は、入社後に従業員のリスクが発覚した場合に役立ちます。

1 採用選考時の規定①

採用選考時の提出書類と健康診断

■ 採用選考時・内定時・入社時の提出書類は分けて明示する

従業員の採用選考時から入社にかけて、さまざまな書類を提出してもらうことになります。採用選考時と入社時に提出すべき書類を就業規則の同じ項目にまとめて記載しているケースも見られますが、おすすめできません。採用選考時と内定時、さらに入社時の提出書類は分けて記載し、どの時点でどのような書類が必要になるのかが明確にわかるようにしておきます。

これは採否を検討するために必要な書類、内定が決定した際に入社の意思確認等を行うために取り付ける書類、入社後の事務手続きに必要な書類といった具合です。

例えば、仕事をしてもらううえで必要な資格・免許がある場合、本来なら、選考中に確認し、内定を出すべきです。それを内定を出してから確認したところ、資格等の不保持がわかっても、すでに内定を出していますので対処が極めて難しくなります。

また、入社手続きの書類を預かっても内定辞退で入社に至らなければ、不要となってしまうこともあるためです。

タイミング	採用選考時	内定時	入社時
主な目的	採否判断のため	入社意思等の確認	事務手続きのため
書類	・履歴書(自筆) ・職務経歴書 ・事前確認書 ・健康告知書 ・免許・資格証 など	・雇用契約書 ・誓約書 ・身元保証書 など	・年金手帳 ・マイナンバー通知書 など

■「採用を取り消して当然なこと」も記載する

どんな人材をどんな基準で採用するかは、会社の自由です。しかし、ひとたび採用内定を通知すれば、その時点から雇用契約が成立しているとみなされます。したがって、内定の取り消しは、およそ雇用契約の解約と同じであり、簡単にできるものではないのです。どうしても行わざるを得ない場合においても、就業規則の規定等に照らし合わせて客観的・合理的で社会通念上相当であると認められる内定取り消しの理由が求められます。

採用選考の段階で学歴や職歴などに虚偽の申告があった場合、採用決定後であっても採用を取り消すことは「当然」と思うことでしょう。しかし、就業規則に規定がなければ、認められない可能性もあります。そのため、当然のことであっても必ず記載しておきましょう。

■健康診断書は採用選考時に

事業主は、従業員を雇い入れた際に**健康診断**を実施する義務があります。ただし、採用日以前3か月以内に受けた健康診断書の提出を受けた場合は、事業主は雇い入れ時の健康診断を省略することができます。健康診断書の提出時期は、雇い入れ時でも構いませんが、採用選考時に提出してもらいましょう。なお、検査項目は次のように定められています。

●雇い入れ時の健康診断の検査項目※検査項目は省略不可

①既往歴及び業務暦の調査	④胸部エックス線検査	⑧血中脂質検査
②自覚症状及び他覚症状の有無の検査	⑤血圧の測定	⑨血糖検査
③身長、体重、視力及び聴力の検査	⑥貧血検査	⑩尿検査
	⑦肝機能検査	⑪心電図検査

採用選考の規定例

【採用選考】

第○条　会社は入社を希望する者のうち、次の書類を提出し、書類審査、面接試験、その他一定の会社が必要とする選考審査に合格した者を採用します。選考に際して学歴・経験・健康等およびその他の事項について不正な申告をした場合には採用決定後であってもその採用を取り消すことがあります。

(1)　履歴書(提出前３か月以内の写真貼付で自筆に限る)
(2)　健康診断書(３か月以内に受診したもので内容は会社指定のもの)
(3)　最終学校の卒業(または卒業見込)証明書および成績証明書(新規卒業者のみ)
(4)　職務経歴書(中途採用者のみ)
(5)　各種免許証などの資格証明書(会社の請求があった場合)
(6)　前職の退職証明書
(7)　事前確認書
(8)　健康告知書
(9)　その他会社が指定した書類

当然と思われることもあえて記載しておくこと！

筆跡などで、仕事への意欲、誠実さ、丁寧さを判断するために、自筆の履歴書を提出させたほうがよい。

30・31ページを参照のこと。

2 採用選考時の規定②

面接と書類審査で厳しく応募者を見極める

■ 面接は最低2回行う

入社後の労使トラブルを防ぐ大切なポイントは、採用選考時(内定を出す前)に厳しいと思うくらいに応募者の審査をしっかりと行うことです。

採用選考時には、応募者を直接判断するために必ずといっていいほど面接を行います。ただし、1回の面接で済ませている中小企業が多いのではないでしょうか。より厳しく応募者を見極めるために、面接はぜひ2回以上行ってください。

面接を複数回行い、それぞれの面接者が異なった視点で応募者を総合的に判断することが必要です。

面接は2回以上実施し、それぞれが異なる角度から応募者を判断する

■ 応募書類でリサーチを

面接と並行して行いたいのが、提出書類(履歴書や職務経歴書)に記載されている内容の確認です。最近では何かとプライバシーの問題と敬遠する方もいますが、書かれてあることの事実確認をする範囲であればプ

ライバシーの侵害にはあたらないとされています。虚偽の記載をチェックするために、履歴書や職務経歴書に書いてある以前の職場に電話して、入退社年月日を確認しましょう。

ただし、「なぜ辞めたか、働きぶりはどうだったか、協調性はあったか」といったことは採用時に最も知りたいことですが、履歴書・職務経歴書に書かれていないことなので質問できません。

以前の職場などへの事実確認は、できれば社長本人が前の会社の社長に直接電話をして聞いてください。人事部や総務部に電話したところで、その部署の従業員は同じ従業員だった者の不利な情報を積極的に話そうとはしません。しかし、これが給料を払う側の社長ならどうでしょうか。後味の悪い辞め方をしていった元従業員について、その元従業員を採用しようかと考えている会社の社長が電話をしてきたとすれば忠告の意味も込めて愚痴のひとつやふたつ話をする可能性もあります。相手の話しぶりから何らかのトラブルがあったことを伺える場合もあります。あくまで一例ですが、採用選考においては、採否を判断する上で有用な情報をキャッチできるよう手間暇を惜しまずトライすることが、ひいてはトラブル防止につながると言えるでしょう。

■ 能力･適性検査を利用する

さあ、複数の面接と提出書類の確認を行なって、採用選考も最終段階に入ります。ここで、応募者の適性や性格、最近では特に重要項目としてストレス耐性などの傾向をつかむために、企業向けの**能力・適性検査**を面接時に実施するのもよいでしょう。大手の人材サービス事業会社など、いろいろな会社がテストを提供しています。1人テストを実施するごとに料金が発生するものもあるので、ある程度、選考が進んだ段階で、人数を絞ったうえで実施するのがよいでしょう。

また、次の項で説明するように、自己申告型の健康告知書と入社前事前確認書も活用したいものです。

3 採用選考時の規定③
健康告知書と入社前事前確認書

■ 知っておきたい情報を自己申告で把握する

例えば、応募者の健康状態や過去の転職状況、借金状況など、面接や提出書類の確認を行っても、なかなか掴みにくい情報(リスク)はどのようにして掘り起こしていけばよいのでしょうか。

そこでおすすめしたいのが、会社が把握しておきたいリスクについて、応募者本人から自己申告形式で書類を提出してもらう方法です。

次ページの**健康告知書**は、健康上のリスクについて明らかにしてもらう書面です。31ページの**入社前事前確認書**は、健康状態、前職の状況などの申告、そして会社の業務などに関する承諾を兼ねたものです。筆記試験や面接で特に問題がなく、通常であれば採用内定を伝える人に対して、内定を出す直前に面前で記入してもらいます。健康告知書・入社前事前確認書の内容、記入時の応募者の挙動に気になる点があれば改めて採否を検討しましょう。

自己申告してもらうことで、問題のある応募者が辞退するという効果も期待できます。入社前事前確認書には「過去にどのような理由で辞めたのか、前職または前々職から退職証明書を発行してもらえるか」という質問項目があります。仮に前の会社を懲戒解雇になったような人の場合、この質問項目を読んだ時点でまず入社をあきらめるでしょう。

これも覚えておこう

収集してはいけない情報もある

次のような情報は就職差別につながる恐れがあるので、自己申告であっても情報収集は行なわないようにします。

①人種、民族、社会的身分、本籍、家族の職業・収入、職務とは直接関係ないスリーサイズの情報など、社会的差別の原因となる恐れのある事項

②人生観、支持政党など思想及び信条

③労働組合への加入状況、消費者運動その他社会運動に関する情報

●健康告知書

当健康告知書は、株式会社○○○○(以下『当社』という)が社員の採用選考に当り、面接時の面談内容・条件面等について相違がないか確認するためにお伺いするものです。ありのままを正確に記入して下さい。

<table>
<tr><td>1</td><td>最近1週間以内に自覚した健康上の異常がありますか。</td><td>はい</td><td>いいえ</td></tr>
<tr><td>2</td><td>最近3か月以内に、医師の診察・検査・治療・投薬を受けたことや検査・治療・入院・手術をすすめられたことがありますか。</td><td>はい</td><td>いいえ</td></tr>
<tr><td>3</td><td>過去5年以内に、病気やけがで、入院したことまたは手術を受けたことがありますか。</td><td>はい</td><td>いいえ</td></tr>
<tr><td>4</td><td>過去5年以内に、病気やけがで、7日以上にわたり、医師の診察・検査・治療・投薬を受けたことがありますか。</td><td>はい</td><td>いいえ</td></tr>
<tr><td rowspan="2">5</td><td rowspan="2">過去2年以内に健康診断・人間ドックを受けて、下記の臓器や検査の異常(要経過観察・要再検査・要精密検査・要治療を含む)を指摘されたことがありますか。
{心臓・肺・胃腸・肝臓・すい臓・胆のう・甲状腺・子宮・乳房・脳・骨・関節・血圧・尿・便・血液・眼底・X線・心電図・超音波・CT・MRI・内科診察}</td><td>指摘された</td><td>指摘されない</td></tr>
<tr><td colspan="2">健康診断ドックを受けず</td></tr>
<tr><td>6</td><td>これまでに、ガン(肉腫、白血病、悪性リンパ腫、骨髄腫、上皮内ガンを含む)にかかったことがありますか。</td><td>はい</td><td>いいえ</td></tr>
<tr><td>7</td><td>次のいずれかに該当しますか。
①片眼いずれかの矯正視力(眼鏡等使用時)が0.3以下である。
②聴力・言語・そしゃく機能の障がいがある。
③手・足・指の欠損や機能の障がい、背骨(脊柱)の変形または障がいがある。</td><td>はい</td><td>いいえ</td></tr>
<tr><td>8</td><td>腰痛、腱鞘炎等の症状がありますか。</td><td>はい</td><td>いいえ</td></tr>
<tr><td>9</td><td>お酒を飲みますか。
「はい」の場合どれくらい飲みますか?(毎日・週末のみ・月1回位)</td><td>はい</td><td>いいえ</td></tr>
<tr><td>10</td><td>過去1年以内に喫煙をしたことがありますか。
「はい」の場合どれくらい吸いますか?(一日:　　本)</td><td>はい</td><td>いいえ</td></tr>
<tr><td>11</td><td>過去にてんかん発作を起こしたことがありますか。</td><td>はい</td><td>いいえ</td></tr>
<tr><td>12</td><td>過去に精神疾患を発症したことがありますか。</td><td>はい</td><td>いいえ</td></tr>
<tr><td>13</td><td>その他業務遂行を妨げる身体的精神的症状はありますか。</td><td>はい</td><td>いいえ</td></tr>
<tr><td colspan="4">上記1～13項のいずれかが「はい」「指摘された」の場合は詳細を記入して下さい。</td></tr>
</table>

上記事項について、記載の通りで相違ありません。

心電図検査、血液検査が必要な場合には、検査を実施することに同意致します。

万一、上記告知内容と異なる事実が判明した場合、採用取消等の措置を講ずる場合があることを承諾致します。

平成　　年　　月　　日

氏名　　　　　　　　　　㊞

●入社前事前確認書

1	最近1年以内に医師の診察・検査・治療・投薬を受けたことがありますか。	Yes . No . 答えられない
	Yesの場合は内容を記入して下さい。	
2	過去5年以内に病気やけがで7日以上入院したこと、または、病気やケガで手術を受けたことがありますか。	Yes . No . 答えられない
	Yesの場合は内容を記入して下さい。	
3	過去の退職会社名と理由について、全て下記に記載ください。 前職 (会社名： 理由) 前々職 (会社名： 理由)	
4	残業は一定頻度で発生します(総合職で1日平均2～3時間程度、一般職で1～2時間程度)が承諾いただけますか。	Yes . No . 答えられない
5	入社後に、前職、前々職の各企業から退職証明書を提出頂きますが、その点について承諾いただけますか。	Yes . No . 答えられない
6	連帯保証人2名(有職者でかつ同居の親族以外)の連帯保証書への署名並びに印鑑証明書取り付けを承諾いただけますか。	Yes . No . 答えられない
7	適性検査の実施を行いますが、承諾いただけますか。	Yes . No . 答えられない
8	入社前に健康診断書(入社予定日前3ヶ月以内)の提出または入社前の受診を承諾いただけますか。	Yes . No . 答えられない
9	誓約書の提出(個人情報について含む)を承諾いただけますか。	Yes . No . 答えられない
10	入社後、会社の指示で受診したメンタルヘルス検査の結果について、医師から直接会社に通知してもらうことがありますが同意いただけますか。	Yes . No . 答えられない

上記事項について、記載の通り相違ありません。

万一、上記申告内容と異なる事実が発覚した場合や、会社に提供した履歴書等の記載内容に事実と異なる点が判明した場合、採用取消や解雇など如何なる処分も承諾致します。

平成　　年　　月　　日

氏名　　　　　　㊞

4 内定に関する規定

「内定取り消し」への備えを盛り込む

■ 内定の取り消しは簡単ではない

日本の会社では、新規学卒者などを採用するときに**内定**という手続きをとります。内定は採用予定者に「あなたを（○月○日から）採用します」ということを約束するもので、**就労始期付解約権留保付労働契約**が締結されているとされます。

「就労始期付解約権留保付」とは、内定通知から入社予定日までに内定取消事由があった場合に、会社が労働契約を解除できる権利を行使できるというものです。とはいうものの、労働契約が成立していることには変わりがありませんから、内定を取り消すには客観的かつ合理的と認められる社会通念上相当な理由が必要で、一般の解雇と同じくらいハードルが高いと考えるべきです。なおかつ、内定取り消しの事由を具体的に就業規則に定めておかないと、実際の内定取り消しは難しいでしょう。

■ 採用内定の前に「条件」を付けることもできる

内定ですら、取り消しが難しい。こう聞くと、社会経験・業務知識がゼロの新規学卒者や数回しか会っていない応募者などに、内定を出していいものかどうか、正直迷いが出てこないでしょうか。そんな場合、内定を出すための「条件」をつける**採用内定確認書**を交付するという方法をとってもよいでしょう。

一般的に、採用内定予定者に交付するのは**採用内定通知書**という書類です。この書類をもらった採用内定予定者が内定を何らかの形で承諾すると、内定が成立します。

これに対して「採用内定確認書」とは、採用内定を出すための前提条件を通知し、同意を得る書類です。いわば「条件付きの採用内定通知書」で、採用内定予定者が内定の条件を満たし、かつ内定を承諾したときに初めて内定が成立します。

また、雇用契約書や入社誓約書、身元保証書等は内定の承諾とともに取得しておきましょう。実際に働き始めてから「やっぱり提出できません」ということがないように、できるだけ雇い入れ日よりも前に提出期限を設定し、提出がない場合は内定を取り消すこともある旨を記載しましょう。

内定の規定例

【採用内定時の提出書類】

第○条　社員として内定を受けたものは、採用選考時には未提出であった会社が指定する書類(選考の際に提出済のものを除く)のほか下記の書類を、会社が指定する日までに提出しなければなりません。会社からの督促にも関わらず提出しない場合は、その状況を踏まえ、内定を取り消す場合があります。

採用選考時の書類が未提出の場合の処分を記載しておく。

(1)　雇用契約書
(2)　入社誓約書
(3)　身元連帯保証書(保証人は2名とし、近隣県内に居住する独立の生計を営む成年者で配偶者以外の会社が認める者)
(4)　健康診断書(3か月以内のもの。なお、選考時に提出した者は不要)
(5)　住民票記載事項証明書
(6)　通勤経路届(兼通勤手当支給申請書)
(7)　自動車運転免許証の写し
(8)　自動車検査証(車検証) 写しおよび自動車保険証券写し(通勤もしくは業務で自家用車の使用が予定される者に限る)

(9) 運転経歴に関する証明書(無事故・無違反証明、運転記録証明書、累積点数等証明書、運転免許経歴証明書)
(10) 新入社員諸事項届出書
(11) その他会社が指定した書類
2．内定通知書を受け取った者が、内定承諾書を所定の期限までに提出しない場合には、内定が辞退されたものとして扱います。

【内定取消事由】

内定時に採用の条件があることを、内定予定者に承諾してもらう。

第○条　採用内定者が次各号のいずれかに該当する場合は、内定を取り消し、採用しません。
(1) 卒業や資格、免許取得など採用の前提となる条件が達成されないとき
(2) 前号のほか内定通知書に記載された条件が達成されないとき
(3) 入社日までに健康状態が採用内定日より低下し、勤務に耐えられないと会社が判断したとき、または事実を記載しなかったとき
(4) 履歴書・職務経歴書・事前確認書・健康告知書など採用選考時の提出書類の記載事項に偽りがあったとき
(5) 採用内定後に犯罪や破廉恥行為等その他社会的に不名誉な行為をおこなったとき、または、採用選考時に過去の犯罪や破廉恥行為等を秘匿していたとき
(6) 内定決定時より、本採用に応じられないほど経営環境が悪化、事業の見直しなどがおこなわれたとき
(7) 暴力団や暴力団員等の反社会勢力と関係があると判明したとき
(8) 本人承諾のもと信用調査をおこない、その結果採用することが適当でないと会社が判断したとき
(9) その他上記に準じる、またはやむを得ない事由があるとき

●採用内定確認書

平成　　年　　月　　日

＿＿＿＿＿＿＿＿様

株式会社○○○○○○○
代表取締役○○○○○○

採用内定確認書

拝啓　時下ますますご清祥のこととお慶び申し上げます。先日はお忙しい中、面接のお時間を頂き誠にありがとうございました。

さて、貴殿の採用について慎重に検討した結果、下記の条件にてご入社いただくことを決定致しましたのでご通知申し上げます。

○○様の入社される日を心よりお待ち申し上げております。

敬具

【採用内定条件】
1.　日本商工会議所主催による平成○○年○○月実施簿記検定２級試験を受験すること
2.　上記試験に合格すること
3.　合格証書の写しを、会社の指定する期日までに提出すること

内定の条件を通知する。この条件を満たし、かつ内定を承諾したときに初めて内定が成立する。

以上の条件を満たした場合のみ、以下の労働条件にて内定通知を行うこととします。

【労働条件】

1.	雇用形態	：	正社員
2.	勤務地	：	本社(住所：　　　　　　　)
3.	入社予定日	：	平成　年　月　日
4.	試用期間	：	入社日より６ヶ月間
5.	勤務時間	：	9：00～18：00（休憩１時間）
6.	休日休暇	：	完全週休２日制(土・日)、国民の祝日 年次有給休暇、夏季、年末年始など
7.	給与及び手当	：	月額　　　　　円(時間外割増、深夜割増、休日割増を含む総額) 支払日　毎月月末
8.	賞与	：	個別雇用契約書の定めによる
9.	通勤交通費	：	全額支給
10.	各種保険	：	雇用保険、労働者災害補償保険、健康保険、厚生年金
11.	その他	：	本通知書に記載なき事項は、雇用契約書ならびに就業規則による

本通知書の内容につきご質問等ございましたら、下記担当者までお問い合わせ下さい。

担当／人事担当　　　　　　　　　(TEL：　　-　　-　　　)

上記事項について、貴社から説明を受けたことを確認致します。
平成　　年　　月　　日

住　所

氏　名＿＿＿＿＿＿＿＿＿＿＿＿＿㊞

5 内定時の規定①

労働条件を明示した雇用契約書を取り交わす

■雇用契約書は必ず取り交わす

使用者は、採用する従業員に対して**労働条件**を明示しなければなりません。下の表のように、必ず文書で明示しなければならない項目が決められています。ただし、法律上は、労働条件について使用者と従業員が同意書を取り交わさなければいけない決まりはありません。このため、**労働条件通知書**を作成し、従業員に渡すだけ(明示するだけ)で済ませている会社も多いようです。

しかし、このやり方はおすすめできません。なぜなら、労働条件通知書はその名のとおり、労働条件を通知するものであって、従業員の同意を求めるものではありません。そのため、いくら会社が労働条件通知書を渡したと言っても、それはあくまで通知しただけであって、従業員がその内容に同意したという明確な証拠が残りません。極端な話ですが、ポイと捨てられて「労働条件通知書は渡されていませんよ」と主張されても、反証が難しいのです。

ですから、採用時には労働条件を明示した**雇用契約書**を用いて、従業員の合意を得たうえで契約を取り交わしましょう。実務的には労使双方が労働条件などに同意したことを確認し、署名・捺印をしたうえで互いに契約書を保管します。

●会社が採用時に明示する事項

文書で必ず明示する事項

- 労働契約の期間(期間の定めのない正社員はその旨を、契約社員やパートタイマーの場合は契約期間など) *
- 仕事をする場所、仕事の内容
- 始業時間・終業時間・時間外労働の有無、休憩時間
- 休日、休暇の規定　・給与の決定
- 退職に関する事項(解雇の事由など)

＊契約期間の定めのある従業員(契約社員、パートタイマーなど)には、昇給の有無、退職手当の支給の有無、賞与の有無を文書で明示する

会社で規定がある場合に文書または口頭で明示する事項
- 昇給に関する事項
- 退職手当に関する事項
- 賞与に関する事項
- 従業員に負担してもらう項目の事項(食費、作業服など)
- 安全衛生に関する事項
- 職業訓練に関する事項
- 災害補償および業務外の傷病扶助に関する事項
- 表彰および制裁に関する事項
- 休職に関する事項

■雇用契約書にいろいろ盛り込む

「うちは雇用契約書を取り交わしているよ」という会社でも、よくよく聞いてみると、内容は労働条件を示しただけの文書1枚ということがあります。しかし、これでは不十分と考えます。定められた項目に加え、これは必ず目を通しておいてほしいというような遵守事項、服務規律などを就業規則から抜粋して記載するのです。採用時は従業員に対して労働条件を詳しく説明することのできるせっかくの機会なのですから、雇用契約書の内容を充実して丁寧に労働条件の説明を行い、同意をとりましょう。

さらに、可能であれば就業規則の該当箇所を示しながら説明するとよりよいでしょう。

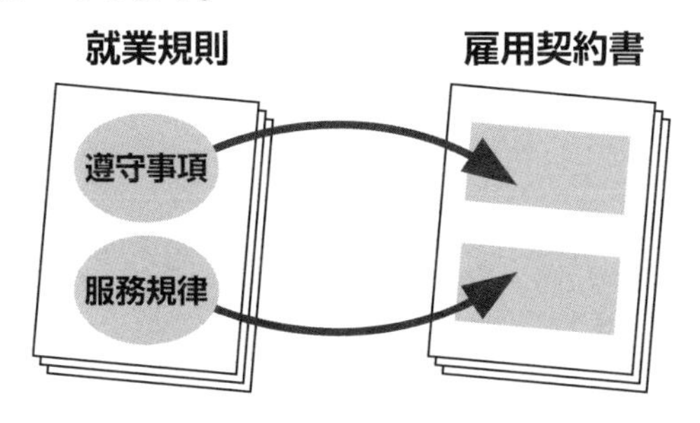

従業員に対して特に守ってもらいたい事柄を就業規則から抜粋して記載する。

■ 優秀な従業員には雇用契約で有利な条件を結ぶ

その人物が、会社にとって重要・必要な人材であれば、雇用契約書には就業規則や賃金規程より有利な条件を提示してもかまいません。ただし、その逆、つまり就業規則や賃金規程より不利な条件を提示することはできません。賃金規程を含む就業規則は、従業員の最低労働条件を保障するものです。個々の雇用契約(労働契約)の条件が就業規則より効力を持つのは、就業規則の条件を上回る場合だけなのです。

求人広告の内容や面接時に話した条件も有効となりますので、実際の労働条件とズレがないか、労働者にとって聞こえのいい話を安易にしていないかなど、注意が必要です。

●規定の優先順位

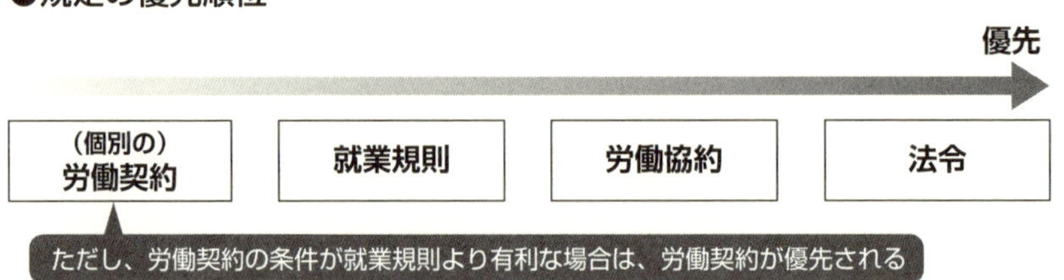

●雇用契約書

雇用契約書

株式会社○○○○　(以下「甲」という)と　○○○○　(以下「乙」という)とは、甲が乙を雇用するにあたり、次の通り雇用契約を締結します。本契約書に記載のない事項については就業規則の定めるところによります。

【誠実勤務義務】

第1条　乙は甲と本契約を締結するに当たり、甲の正社員として就業規則その他の規程および、指示・命令等を守り、誠実かつ忠実に勤務することを約束しました。

【雇用契約】

第2条　甲は乙を以下記載の労働条件で雇用します。

2．雇用期間：期間の定めなし

3．試用期間：6ヶ月

4．定　　年：60歳(65歳まで再雇用制度あり)

5．就業場所：東京本社

6．業務内容：営業職

【労働条件】

第3条　乙の労働条件は以下の通りとします。

2．出勤日：1年単位の変形労働時間制に基づき、各職場の勤務シフト表により定めます。

3．休日：1年単位の変形労働時間制に基づき、少なくとも週1回の休日を付与します。

4．就業時間等：乙の所定労働時間、始業・終業の時刻等は原則として次のとおりとします。

始業時間	終業時間	休憩時間
9時00分	18時00分	12時00分から13時00分まで

5．休憩時間：休憩時間は60分とします。なお、業務量が増大し、乙への肉体的・精神的負担が強くなると甲が判断した場合は、休憩時間をさらにとらせる場合があります。

6．所定外労働時間：甲は、業務の都合により所定労働時間外、深夜または休日に労働を命ずることがあります。

【給与】

第4条　甲は、乙により労務の提供があった期間あるいはその業務の量に対し、次に定められた給与を支払うものとします。

①　基　本　給：　○○○　円

②　手　　　当：次に定める手当を支給します。

固定時間外手当　　○○○　円　(30時間分)

固定深夜手当　　　○○○　円　(10時間分)

固定休日手当　　　○○○　円　(10時間分)

③　割増賃金：固定時間外手当、固定深夜手当、固定休日手当は法定割増賃金として支給する手当です。

第1章　採用・異動・出向

④ 賃金控除：甲は乙の給与から源泉所得税・住民税・対象者については雇用保険料・社会保険料被保険者負担分を毎月控除します。

⑤ 支給日：給与は、当月１日から当月末日までの分を翌月25日に支給します。

⑥ 支給方法：翌月25日（金融機関が休みの場合はその前日）に乙の指定する金融機関に振り込むものとします。

⑦ 昇（降）給：甲の経営状態、乙の勤務成績・経験等を考慮して昇（降）給を決定します。

⑧ 賞与：賞与は甲の業績に応じ、乙の勤務成績、能力評価など総合的に勘案し、支給の有無、金額を個別に決定します。

⑨ 退職金：退職金制度に基づき支給します。

【退職・解雇】

第５条　甲は、甲の定める就業規則に従い、乙に対し普通解雇、休職期間満了退職、懲戒解雇等を行うことがあります。その場合には甲は、解雇日１か月前に乙に通知するよう努めるものとします。

２．解雇の事由については、甲の就業規則の定めるところによります。

３．自己の都合で退職しようとする場合は、退職する少なくとも１か月以上前までに甲に届出るものとします。

【安全衛生義務】

第６条　乙は、甲の定める安全衛生に関する規定及び指示事項を守り、自己の安全遵守に留意し、自己または同僚に危険を与える行為を行ってはいけません。また、所定の衛生事項を遵守し、自己の日常の健康保持に努めるものとします。

２．甲は乙に対し、毎年１回の健康診断を実施し、乙は必ず受診しなければなりません。

【契約外の事項】

第７条　本契約に定めのない事項については、甲の就業規則の定めるところによります。

本契約の成立を証するため本書を２通作成し、甲乙双方の署名、または記名押印のうえ各１通を保有します。また、乙は、甲の提示した上記雇用契約書及び付記事項に記載された一切について承諾したことを証します。

平成　　年　　月　　日

甲：〒123-4567　東京都中央区銀座1-1-1
株式会社　○○○○
代表取締役　○○○○　㊞

乙：住所：
氏名：　㊞

6 内定時の規定②

会社のルールを明示する(入社誓約書)

■ 入社誓約書の役割は？

入社誓約書は、会社が決めた就業規則やルールを知ってもらい、かつ守ってもらうための書類です。良好な職場環境を保ち、労使間の信頼関係を高め、また秩序違反の抑止効果も期待できます。雇用契約書などと一緒に内定時に提出してもらうように定めておきましょう。

入社誓約書は法令で定められているものではないので、「誓約」しても法的拘束力がないと言われることがあります。しかし、誓約書の内容を就業規則の服務規律で規定していれば、誓約書の内容に反した行為をした場合、就業規則違反とみなすことができ、懲戒処分なども可能です。

ただし、法令に違反することや、公序良俗に反することなどは、たとえ誓約書に書かれていたとしても実行できません。

■ 秘密保持については厳密な約束を取り付ける

就業規則と同様に、時代の流れに沿って誓約書の内容も変えていくべきです。昨今、トラブルが多いのは秘密保持に関することです。誓約書には業務上得た秘密の管理と、管理違反による処分について明記するほか、就業規則にも秘密保持について詳しく記載しておきましょう。

これも覚えておこう

契約書はいったん持ち帰ってもらう

契約書等の書類を取り交わすときは、いったん持ち帰ってもらい、翌日以降に提出してもらいます。よくその場でサインや押印を要求する会社がありますが、後日、「あの契約書は密室の中で同意を強要された。だから無効だ」と主張する従業員がいないとも限りません。本人が束縛されない状況で、書類の内容について熟考したうえで同意したということが、契約書の日付にも残るようにしましょう。

●入社誓約書

「秘密保持誓約書」「飲酒運転に関する誓約書」などのように、特に厳密な約束を取り付けたい事項は、その事項だけの誓約書を作成するとよい。

入社誓約書

株式会社○○○○
代表取締役○○○○○殿

この度、私は貴社に勤務するにあたり、以下の事項を遵守することを誓約致します。

第１条【誠実勤務の誓約】
私は、就業規則その他服務に関する一切の事項を遵守し、上司の指示に従い、職場の秩序を保持し、互いの人格を尊重し、規律の遵守に努め、誠実に勤務致します。

第２条【秘密保持の誓約】
私は、以下に示される貴社の技術上または営業上の情報(以下「秘密情報」という)について、貴社の許可なく、如何なる方法をもってしても、開示、漏洩もしくは使用しないことを約束致します。
①業務で取扱う個人情報
②業務上知り得た技術や営業に関する情報
③財務、人事、組織等に関する情報
④他社との業務提携および業務取引に関する情報
⑤その他、貴社が秘密保持対象として取扱う一切の情報

第３条【秘密の報告および帰属】
私は、秘密情報は貴社の業務上作成または入手したものであることを確認し、当該秘密の帰属が貴社にあることを確認致します。また当該秘密情報について、私に帰属する一切の権利を貴社に譲渡し、その権利が私に帰属する旨の主張を致しません。

第４条【秘密情報の複製等の禁止】
秘密情報が記載・記録されている媒体については、職務執行以外の目的で複製・謄写しないこと、および職務執行以外の目的で貴社の施設外に持ち出しをしないことを約束致します。

第５条【就業規則及び秘密情報管理違反に対する処分】
就業規則及び秘密情報に関する上記各条の違反、またはそれに準ずる行為が発覚した場合、懲戒処分となることを確認致しました。

第６条【所持品検査】
私は、就業規則に基づき、貴社が必要に応じて実施する私有物の所持品検査に応じることを約束致します。

第７条【退職後の責任】
秘密情報については、貴社を退職した後においても、開示、漏洩、複製等もしくは使用しないことを約束致します。また秘密情報が記載・記録されている媒体の複製物および関係資料等がある場合には、退職時にこれを貴社に直接返還、もしくは貴社承諾のもと処分し、自ら所有、使用、管理致しません。

第８条【退職後の競業避止義務の誓約】
退職後原則として１年間は、本店や支店が所在する都道府県内において、貴社と競業関係に立つ他社への転職、役員への就任、及び事業を自ら開業または設立する行為を行わないことを約束致します。

第９条【損害賠償】
故意または過失により貴社に損害を与えた場合、貴社が被った一切の損害を賠償することを約束致します。

第10条【健康診断等検査結果の通知】
貴社の指示により行った健康診断、メンタルヘルス検査等の結果について、全てを貴社に通知するとともに、医師等から直接貴社に診断結果を通知しても一切の異議を申し立てません。

年　月　日

住　所
氏　名　　　　　　㊞

7 内定時の規定③

身元保証人の条件と更新

■ 身元保証人は従業員のトラブルに関する連絡先

身元保証人となる人は、従業員の人物を保証する役割や、従業員の過失で会社に損害を与えたときに賠償の責任を負ってもらう役割を持っていますが、近年では、従業員が労使トラブルを起こしたときや、うつ病などのメンタルヘルス不調になったときの相談先・緊急連絡先としての存在意義がとても大きくなっています。実際ある中小企業ではうつ病にかかった従業員について、身元保証人になっていない両親に連絡をとったところ「(うつ病を)親には秘密にしていたのになぜ知らせたんだ」と猛烈な抗議を受けたことがありました。

身元保証書は法令で定められているものではありませんが、何か起こったときのためのリスク対策と考えて、提出を義務づけましょう。

また、どのようなときに身元保証人へ連絡するのかを明記しておきましょう。「どうしてそんなことを連絡したんだ」といわれないように。

■ 身元保証人に適した人は?

時には従業員に関するトラブルを引き受けるのですから、身元保証人は誰でもいいというわけではありません。身元保証人は原則として2名とし、いずれも保証能力がある「独立して生計を立てている成年者」を条件とします。また、すぐ連絡が取れる近隣に住んでいる人にしてもらいます。あまり遠いところにいると話し合いをするのにも時間やお金がかかってしまいます。

さらに、配偶者を身元保証人の対象から除外する文言を入れてもよいでしょう。いろいろな面で従業員に近いだけに中立的な立場をとりにくいものです。保証してくれる人、連絡がとれる人を広げておくことで、リスクを減らすことができるのです。

なお、身元保証に関する法律により、身元保証の有効期限は、期間の定めがない場合は３年間まで、期間を定める場合は長くても５年間までです。期限がきたら、自動更新はせずに、再度身元保証書を提出してもらいましょう。

身元保証人の規定例

【身元保証人】

第○条　身元保証人は原則として２名とし、近隣県内に居住する独立の生計を営む成年者で配偶者以外の会社が認める者でなければなりません。ただし、会社が身元保証人を必要としないと認めた場合はこの限りではありません。

２．身元保証契約の期限は５年とし、５年ごとの契約更新をおこないます。

３．社員は、身元保証契約期限の末日までに、身元保証契約の更新手続きをしなければなりません。

４．身元保証人が下記事項に該当するに至ったときは、遅滞なくこれを変更して補充しなければなりません。

⑴　死亡または失踪の宣告を受けたとき
⑵　後見・保佐または破産の宣告を受けたとき
⑶　日本の国籍を失い、または海外に移住したとき
⑷　会社が不適当と認めるに至ったとき
⑸　従前の身元保証契約の解除によって、身元保証人を欠いたとき

５．会社は社員が次の各号の一に該当した場合には、身元保証人に連絡することがあります。社員はこれを拒否することができません。

⑴　転勤または異動があった場合
⑵　無断欠勤をした場合
⑶　欠勤が５営業日連続した場合
⑷　傷病により休職を開始する場合、および休職期間満了により退職する場合
⑸　社員の不始末により会社に損害を与えた場合
⑹　懲戒処分に該当した場合
⑺　その他就業規則その他の規定に違反した場合

身元保証人の住所は、会社から近いほうがいい。

身元保証契約の期限は、５年を超えると無効になる。

必ず連絡するわけではありませんが、必要に応じて連絡できるように、あらかじめ規定しておく。

●身元保証書《例》

身元保証書

平成　　年　　月　　日

株式会社〇〇〇〇〇〇

代表取締役〇〇〇〇〇殿

現住所

氏　名　　　　　　　　㊞

年　　月　　日生

上記の者(以下「被用者」という)が貴社に入社するに際し、私は次のように貴社に対して身元保証致します。

1．被用者が会社の就業規則その他諸規則を守り、忠実に勤務することを保証致します。

2．被用者が貴社との雇用契約に違反し、または故意にもしくは過失により万一貴社に金銭上、業務上信用上損害を被らしめたときは、ただちに被用者と連帯して損害を賠償致します。

3．この保証期間は本日より5年間と致します。ただし、期間満了3か月前までに貴社より書面をもって保証契約を更新したい旨の申出があった場合には、引き続き5年間、本契約と同一条件で更新する用意があることを申し添えます。

平成　　年　　月　　日

住所

電話番号　　　　　(　　　　)

本人との関係

身元保証人

㊞

平成　　年　　月　　日

住所

電話番号　　　　　(　　　　)

本人との関係

身元保証人　　　　　　　㊞

8 入社時の規定

入社時の提出書類と個人情報保護

提出期限を守ってもらう

入社時に提出してもらう書類は、就業規則に一つひとつ明記しておきます。例えば、社会保険の資格取得手続きや住民税の納付先の確認で使うものなど、実際の勤務開始後に取得すべき書類を記載します。給与振込先の銀行口座やマイナンバー等は、内定承諾前に取得してしまうと、万が一、内定を辞退されたときに取り扱いに困ることになります。必ず採用が決定した者から取得するようにしましょう。また、提出しない書類があったり提出期限を守らなかったりした場合には、本採用を認めないといった判断を下すこともある旨を就業規則に定めておきましょう。

採用時の個人情報保護

採用選考過程から入社時までに提出された書類は、**個人情報**であることを忘れてはなりません。個人情報の管理は、**個人情報保護法**により規制されており、慎重に扱う必要があります。就業規則には、提出書類をどのような目的で利用するかを明確に定めておきましょう。

特にマイナンバーに関しては、その利用目的が限定されており、かつ周知しなければならないとされているので、必ず記載しましょう。

入社時の提出書類の規定例

【採用決定者の提出書類】

第○条　社員として採用されたものは、採用後10日以内に次の書類を提出しなければなりません。ただし、会社が指示した場合は、その一部を省略することができます。

⑴　健康診断書（３か月以内のもの。なお、選考時に提出した者は不要）
⑵　年金手帳（取得者のみ）
⑶　雇用保険被保険者証（取得者のみ）
⑷　源泉徴収票（本年中に給与所得があった者に限る）
⑸　給与所得の扶養控除等申告書
⑹　口座振込依頼書
⑺　マイナンバー通知カード（写し）および本人確認書類（写し）
⑻　その他会社が提出を求めた書類

２．前項の書類を提出しない場合は、本採用することはありません。また、督促をしたにもかかわらず、正当な理由なく期限までに提出しなかった場合は、採用を取り消すことがあります。

３．第１項の提出書類の記載事項に変更が生じた場合は、１週間以内に書面でこれを届出なければなりません。

【社員個人情報の利用目的】

第○条　会社は【採用選考】規定、【採用決定者の提出書類】規定に基づき、会社に提出された書類を次の目的のために利用します。

⑴　配属先の決定・人事異動
⑵　賃金等の決定・支払い
⑶　教育訓練
⑷　健康管理
⑸　表彰・制裁
⑹　退職・解雇
⑺　福利厚生・災害補償
⑻　前各号のほか、会社の人事管理上必要とする事項

利用目的を
記載する。

２．社員は、会社が前項の利用目的の範囲内において個人情報を利用することを承認するものとします。

３．会社は、会社のグループ企業間において、第１項により取得した社員の個人情報を共同利用することができます。この場合、利用される個人データの項目、共同利用者の範囲、共同利用目的、個人デー

タ管理者、その他の事項については、社員が知りえる状態に置くものとします。

4．会社は、人事政策、労務管理上必要な助言・指導を受けるために、社員の個人情報を必要な範囲内で、産業医または医師・弁護士・公認会計士・税理士・司法書士・社会保険労務士等へ提供します。社員はこれに同意するものとします。

【特定個人情報】

第○条　社員は、勤務するにあたり個人番号を会社に報告しなければなりません。

2．会社は社員から受領した個人番号を以下の目的のためにのみ使用します。

⑴　税務上の手続き

⑵　社会保障に関する手続き

⑶　災害対策に関する手続き

個人番号(マイナンバー)の利用目的を従業員に明示しなければならないため、就業規則に記載しておく。

3．前項のほか、管理している磁気媒体の故障その他の事由により、情報復旧のためにその修理・維持・管理を外部の第三者に委託することがあり、社員はこれに同意するものとします。

9 試用期間①

試用期間のルールを定めておく

■ 試用期間は適格性を最終判断する期間

試用期間は、採用した従業員が仕事への適格性や適応性、能力などを持っているかどうかを見極める期間です。面接や書類審査ではなかなか見極めきれない適格性を、一定期間働いてもらって判断するのです。勤務態度、能力、適性、人柄、健康状態などを見て、正式に採用するかどうかを決定します。

試用期間については法的な規制がないので、基本的に会社が自由にルールを決めてかまいません。ただし、従業員側への配慮が欠けたルールはトラブルの元にもなりますので注意してください。

試用期間の長さは、短すぎても適性を見極められません。また、リスク回避を考えるなら長いほうがよいのですが、試用期間という不安定な地位があまりに長く続くことは不合理です。一般的には3～6か月で設定し、その間でどうしても適性が見極めきれないようなときには、試用期間を延長できるようにしておきます。延長するときには、満了期間まで十分な期間をあけて本人に通知します。

こうして決めたルールは、就業規則に明記しておきます。

●試用期間の位置づけ

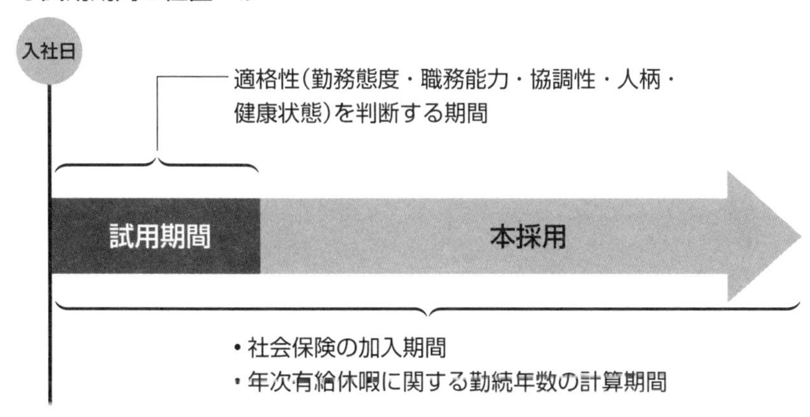

■「入社日」の扱い

試用期間を終えて本採用をしたときは、試用期間を勤続年数に含めるのでしょうか。法定では、試用期間の始まりが入社日であり、社会保険の加入や、有給休暇の付与日数は試用期間当初から採用されたものとして計算します。

ただし、賞与、退職金の算定期間などの会社の裁量で決める制度では、試用期間を勤続年数に含めるかどうかは会社の自由です。

試用期間の規定例

【試用期間】

第○条　新たに採用した者については、採用の日から6か月間を試用期間とします。会社は本採用までに、勤務態度・健康状態・職務への適性等、社員としての適格性を審査し、試用期間満了時までに本採用の可否を決定します。

ただし、特殊な技能・技術または経験を有する者およびパートタイム等から社員に登用した者には、試用期間を設けずまたは短縮することがあります。

2．前項の試用期間は会社が必要と認めた場合、必要な範囲で期間を定め、さらに延長することがあります。この場合、試用期間終了日までに本人に通知します。

3．試用期間を経て本採用される場合は、試用期間当初から採用されたものとし、勤続年数に通算します。

4．試用期間中または試用期間満了の際、本採用することが不適当と認めた者については就業規則の【解雇予告】規定の手続きに従って解雇します。ただし、採用後14日を経過していない場合は、解雇予告手当の支払いはおこなわず即時解雇します。

試用期間を延長することがある場合は、必ず記載しておく。

10 試用期間②
試用期間中の解雇トラブルを防ぐ

■ 試用期間中でも解雇は簡単ではない

試用期間中に会社が不適格だと判断すれば、試用期間中または試用期間満了時に従業員の本採用を取り消す、つまり、解雇することになります。ただし、試用期間中であっても解雇は簡単ではありません。

試用期間中は**解約権留保付労働契約**を結んだ状態とされています。試用期間中に仕事への適性や能力などを見極め、不適格と判断した場合でも労働契約は成立していますので、労働契約を解消するには「客観的・合理的で社会通念上相当であると認められる理由」が必要になります。また、会社には従業員を教育・指導する義務があるので、その努力をしたかどうかも問われます。

■ 就業規則に本採用取消事由を記載　評価記録を残しておく

試用期間の解雇をめぐって争われた過去の事例では、
①就業規則に試用期間の本採用取消事由が記載してあるか
②従業員に適格性があるかないかを客観的に判断できるデータがあるか
③会社が適格性のないことを本人に伝えて指導をしていたか否か
などが争点になっています。

まずは①にあるように、就業規則に通常の解雇事由とは別に、本採用取消事由を記載することが対策の一つになります。どこかの項目と合わせるのではなく、あくまでも独立した項目として記載すべきです。また、従業員には、どういう場合に本採用を取り消すのかを入社前や試用期間中に説明しておきます。試用期間中に従業員の適性に問題があった場合、そのことを従業員に伝えて指導した記録も残しておきましょう。試用期間中を通して54ページのような**本採用基準評価表**を活用するのがおすすめです。なお、本採用取り消しの手続きは、解雇予告手続きと同じです。

有期雇用契約で適格性を判断

採用後に解雇するというリスクへの対策として、有期雇用契約も考えてはいかがでしょうか。有期雇用契約を結ぶ、いわゆる契約社員としての採用であれば、契約期間を満了する際、会社側は以下の三つのどれかを選択すればよいのです。

①正社員として登用する

②もう一度契約社員として更新する

③期間満了で契約を終了する

契約期間中に適格性に問題がないことを確認できれば、正社員登用試験を実施し、合格者は①とします。もう少し様子を見たいなら②を選んで有期雇用契約を更新し、不適格と判断すれば③を選びます。

契約期間中は試用期間中と同じように正社員登用基準を示しておきましょう。正社員登用基準が契約社員本人にも明らかであれば、よりトラブルが減ります。このように有期雇用契約で従業員を採用する場合には、求人票や募集要項等にも、正社員募集と契約社員募集を併記しておきましょう。求人票では正社員募集のみを記載し、実際は契約社員として雇用することはトラブルの原因になるので注意しましょう。

なお、有期雇用契約を自動更新にすると、実質的に正社員として採用しているとみなされる恐れがあります。自動更新を行わないようにしましょう。実質は正社員とみなされる恐れがあるからです。また、同じ理由で契約社員に正社員とまったく同じ業務をさせることも避けたほうが賢明です。

加えて、同一労働・同一賃金の関係から、正社員と契約社員の業務内容に差異を設けたほうが賢明です。

正社員での採用に迷ったら有期雇用契約という手がある。

本採用取消事由の規定例

試用期間中の本採用取消事由は単独で定める。

【本採用取消事由】

第○条　試用期間中の社員が次の各号のいずれかに該当し、会社の社員として会社が不適当であると認めた場合、採用を取り消し、本採用をしません。ただし、改善の余地があるなど、特に必要と認めた場合は、会社側の裁量により、試用期間を延長し、採用取り消しを留保することがあります。

(1) 正当な理由なく欠勤・遅刻・早退を繰り返し、出勤状況が悪い場合
(2) 会社からの指示に従わないなど職場における協調性に欠ける場合
(3) 労働意欲が無いなど勤務態度が悪い場合
(4) 履歴書・職務経歴書・事前確認書・健康告知書など会社に提出した書類の記載事項に偽りがあった場合
(5) 会社が提出を求めている必要書類を提出しない場合
(6) 会社が要求する職務能力が不足し、改善の見込みが乏しいと会社が判断した場合
(7) 身体または精神の状態が勤務に耐えられないと会社が判断した場合
(8) 第○章に定める服務規律および『服務規程』の各規定に違反した場合
(9) 個人番号を会社に提出しない場合
(10) この規則の【解雇】規定に定める事由に該当する場合
(11) 暴力団や暴力団員等の反社会勢力と関係があると判明したとき
(12) その他上記に準ずる、当社の社員としてふさわしくない事由が存在する場合

本採用取消事由は具体的に列記する。

●本採用基準評価表

評価表

Ⅰ　職務遂行のための基本的能力

（「職務遂行のための基準」ごとに、該当する欄に下の記号を記載）

A：常にできている　B：大体できている　C：努力が必要

「評価の対象外」の場合は／（斜線）

	働く意識と取組（自らの職業意識・勤労観を持ち職務に取り組む能力）	評価結果		
		自己評価	上司評価	役員評価
1	法令や職場のルール、慣行などを遵守している。			
2	出勤時間、約束時間などの定刻前に到着している。			
3	上司・先輩などからの業務指示・命令の内容を理解して従っている。			
4	仕事に対する自身の目的意識や思いを持って、取り組んでいる。			

Ⅱ　技能・技術に関する能力

（1）基本的事項（「職務遂行のための基準」ごとに、該当する欄に下の記号を記載）

A：常にできている　B：大体できている　C：努力が必要

「評価の対象外」の場合は／（斜線）

	技術者倫理の遵守	評価結果		
		自己評価	上司評価	役員評価
1	技術者としての自覚や社会的責任をもって仕事をしている。			
2	日常の業務に関連する法的又は倫理的な問題について常に問題意識をもって取り組んでいる。			
3	正当な理由なく業務上知り得た秘密を他に漏らしたり、盗用したりしない。			
4	自分の職務や専門分野に関連する時事問題に関心をもち、日ごろから問題意識を高めている。			

11 人事異動
人事異動でのトラブルを防ぐ

■ 人事異動は業務命令

業務上必要がある場合に、職務や職場の配置転換、転勤、出向、転籍などの人事異動を行うことがあります。会社の業務命令による異動は次のようなものです。

①配置転換　職務内容や部署の変更

②転勤　勤務場所の変更

③出向　会社に在籍したまま、他の会社とも雇用契約を結び、その会社の業務に従事すること

④転籍　会社との雇用契約を終了し、他の会社と新しく雇用契約を結んでその会社の業務に従事すること

⑤役職の任免　役職を任命したり、罷免したりすること

これらの人事異動は、就業規則に規定があり、かつ周知されていれば、包括的同意といって、従業員個別の同意は必要ないとされています。人事異動は会社の人事権の範囲であり、職種や勤務地を限定して採用した者を除いて、従業員はその業務命令を拒否することはできません。ただし、転籍は雇用契約の終了を伴うので、本人の同意が必要となります。

採用時には人事異動について雇用契約書に記載して、従業員に説明をしておきましょう。また、パートタイマーや契約社員を雇用している会社で、正社員と職務の内容や人材活用の仕組み(異動の有無など)が同じであれば、賃金等の待遇に差をつけることはできないとされています。そのため、正社員とその他社員との違いを整理(正社員は異動あり、その他社員はなしなど)し、違いがあるならば、きちんと区別して明記しておきましょう。

■ 人事異動が権利の濫用とみなされる判断基準とは

人事異動が権利の濫用かどうかでトラブルになることがあります。次のような判断基準に照らし合わせてみましょう。

①業務上の必要性があるかどうか……必要性がないとみなされれば権利の濫用とされます。

②本人の被る不利益の程度はどうか……育児や介護を行う従業員には、一定の配慮が必要です。

③不当な、あるいは悪意のある目的や動機がないか……報復人事や差別的人事だと判断されれば権利濫用とみなされます。

人事異動の規定例

【異動】

第○条　会社は、業務上必要がある場合は、社員に対し従事する職務もしくは勤務場所の変更および役職の任免等の人事異動を命ずることがあります。

2．前項の命令を受けた社員は、正当な理由がない限りこれに従わなければなりません。

【出向】

第○条　会社は社員に対し、関係企業、取引関係のある企業等に対して、人事交流、人材育成、業務支援、その他の事由により出向を命じることがあります。社員は正当な理由がない限り、これに従わなければなりません。

2．会社は出向先との間で出向に関する文書を締結し、社員に対し辞令を交付します。

3．出向を命じる場合は、その事由、任務、出向予定期間、出向中の労働時間、賃金等の取扱い、その他の必要事項については社員に通知します。

4．出向中の労働条件は、第2項の出向に関する文書によります。

【転籍】

第○条　会社は業務上必要がある場合には、社員を関係企業、取引関係のある企業等に転籍させることがあります。

2．前項の場合、本人の同意を得て行ないます。……

転籍させる場合は、本人の同意が必要。

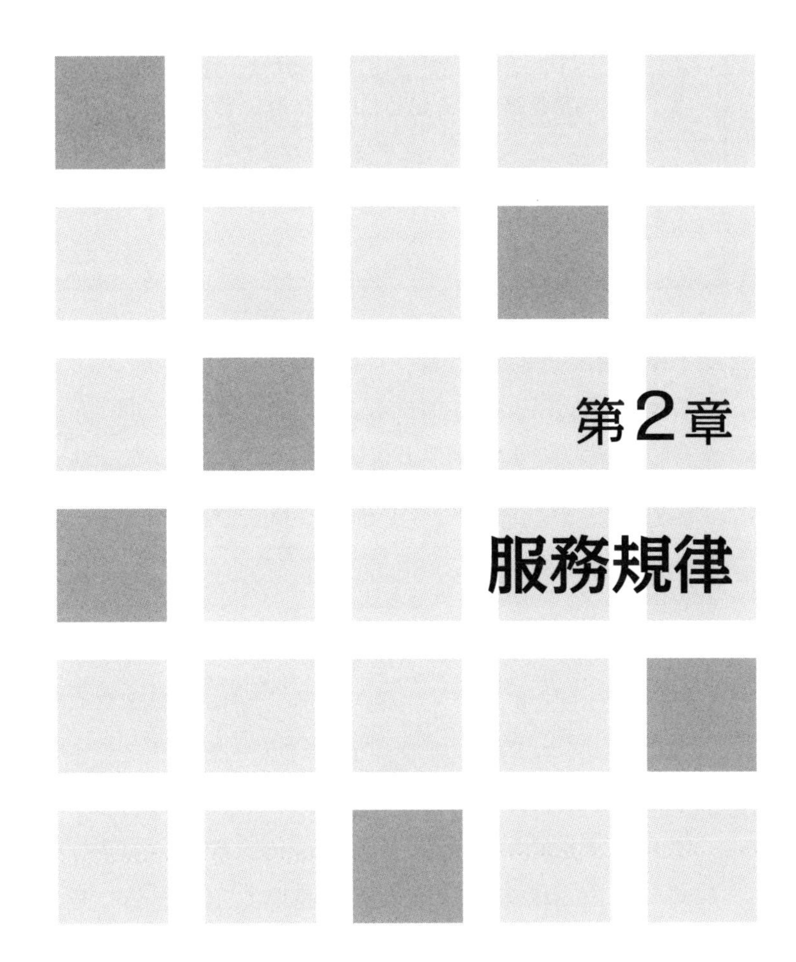

第2章

服務規律

トラブル例①

最近ブログで会社の情報を流しているね。就業規則の服務規律には「会社の情報漏えいは禁止だ」と書いてある。始末書を書いて減給処分だ。

えっ！　それって仕事に対するただの愚痴や感想で、会社の業務内容を漏らしているわけではないですよ。

つべこべ言うな。立派な情報漏えいだ！

◉「情報漏えいは禁止」の一文では不十分

最近、会社の情報漏えいが問題になっています。そのほとんどは社内の従業員によるものですが、本人が情報漏えいを自覚していないケースもあります。ブログやＳＮＳなどで気軽に自分の会社の業務内容を「公表」している人は、まさか自分が情報漏えいで会社に損害を与えているとは思ってもいないのです。

そのような従業員を服務規律違反で処分するのは妥当ですが、問題なのは服務規律の文面です。トラブル例のように「会社の情報漏えいを禁止する」の一文では、処分は困難です。意味があまりにも漠然としているからです。

◉規定内容は具体的に定める

せっかく服務規律を定めても、ほとんど使えないのでは困ります。今のご時世、ひと口に「情報漏えい」といっても解釈はさまざまです。何が情報漏えいにあたるのか、どんな行為を禁止して、どんな行為を推奨するのかなど、できるだけ具体的に定めることが大切です。➡詳しくは65ページの規定例を参照

そして、服務規律を具体的に定めたら、懲戒事由の規定に「服務規律に違反したとき」という一文を入れて懲戒処分の規定と紐付けてください。この紐付けがないと、処分ができなくなってしまうことがあります。

トラブル例②

君が営業部のＡさんと不倫をしているという噂が入ってきている。どうなんだ？

……。はい、噂の通りです。申し訳ありません。

服務規律で社内不倫は風紀を乱すものとして懲戒処分の対象になっている。社内秩序を正すために処分を受けるように。

えっ！　でもこれはプライベートな問題ですよ。なぜ会社から処罰されなければならないんですか？　それに会社の業務には支障をきたしていません。

ちゃんと服務規律に規定しているんだ。従ってもらおう！

◉服務規律に規定しても処分できないことがある

さて、上記のトラブル事例では、どちらの言い分に軍配が上がると思いますか？　正解は、「社員」のほうです。

確かに、服務規律には、経営者が考える「こうあってほしい会社の姿」を書いてかまいません。事例に挙げた社内不倫を「会社の秩序を乱すものである」として禁止したいのなら、もちろんそう規定してよいのです。しかし、不倫はあくまでプライベートな問題です。それに、会社の業務に支障をきたしていないのであれば、規定があっても処分はできないというのが通説です。

◉なんといっても会社の規範

このように、服務規律に定めたからといって、すべて処分ができるわけではないということは理解しておきましょう。そのうえで、経営者の思い・形にしたい会社像などは必ず服務規律に入れておきます。

服務規律は会社の規範です。それは経営者の信条を伝えるものであるし、会社秩序を乱す行動をけん制することにもつながるのです。

1 服務規律の重要性
服務規律と懲戒処分を関連づける

■社内の秩序を保つ服務規律

服務規律は、会社のルールや約束事を示したものです。会社は、円滑に経営を行うために秩序だった組織を作らなければなりません。特に、中小企業は小回りの利くことが強みですが、秩序を乱す社員がいると、会社の業務はたちまち滞ってしまうでしょう。

従業員は会社の業務に携わる以上は、服務規律を守る義務があります。会社も、服務規律を定めた後は、その周知を徹底して行うべきです。

■服務規律を作成するポイント

服務規律を作成するにあたって、大切な点を挙げていきましょう。

①経営者の想いを盛り込もう

服務規律は「より良い会社を作りたい」という経営者の想いが反映されるものにしましょう。「このような職場にしたい」「社員にはこういう風に働いてほしい」という信念や期待を盛り込みます。

②服務規律を守らない場合は、懲戒処分の対象となることを規定する

会社の秩序を守るために、服務規律違反は懲戒処分の対象となることを必ず書いておきます。そうしないと、いざ服務規律違反を起こした者がいても、処分することができません。

> **【懲戒事由と適用】**
> 次の各号の一に該当する場合は、情状に応じ、諭旨退職または懲戒解雇とします。但し、平素の服務態度、その他情状によっては、前項に定める処分とすることがあります。
> ⋮
> ⑽　第３章に定める服務規律の各規定に違反したとき

↑
この１文を懲戒の規定に入れておく

③その時々の情勢を見て書き直す

昨今、ITの時代になって久しいにもかかわらず、インターネットによる情報漏えい、会社が貸与した携帯電話の私的利用などを規制する服務規律がない会社があります。一昔前に就業規則を作って以来、見直しをしていない典型的なパターンで、トラブルが起こる可能性は大いにあります。

会社が貸与した携帯電話での私用電話の禁止といった常識的な規定も入れること。

服務規律はその時々の情勢に合った内容に変更します。セクハラ、パワハラなど近年増えてきた懸念事項への対策も組み入れます。

④広い範囲を、具体的に細かく規定する

服務規律は広い範囲で規定します。「こんなことはできて当たり前」ということも入れましょう。そして、一つひとつの規定は細かく具体的に規定します。

●服務規律で取り決めておくこと

□出退勤
□私有の自動車や自転車での通勤
□欠勤・遅刻・早退・私用外出
□直行・直帰
□物品やデータの持ち込み・持ち出し
□所持品検査
□遵守事項
□誠実義務違反・反社会的・迷惑・不正行為等の禁止
□私的行為の禁止
□諸々の禁止行為
□物品等の取り扱い
□服装・身だしなみ
□届出・報告・承認事項
□競業避止
□機密情報の保護
□管理職の遵守事項
□内部通報
□セクハラ・パワハラの防止・相談
□秘密保持
□個人情報の保護
□電子端末の利用・モニタリング
□発明・考案
□肖像権

2 出勤・退勤
「労働時間」のルールを明確に

■ 労働時間の始まりと終わりの決まりを作る

最近急増している未払い残業代請求のトラブルは、「出勤時刻・退勤時刻」と「始業時刻・終業時刻」の解釈のズレからきていることが多いです。

労働時間とは、「労働者が使用者である会社の指揮命令下にあり、労務を提供している時間」のことです。ですから、出勤時刻（会社に到着した時刻）から始業時刻まで、終業時刻から退勤時刻（会社を出た時刻）までは労働時間に含めなくてもかまいません。しかし、その解釈を就業規則に書いておかないと、従業員から「出勤時刻から退勤時刻までが労働時間だ」と主張されたときには反論できません。また、指揮命令下にある準備、片づけ時間は労働時間とみなされます。

労働時間は「出勤時刻から退勤時刻まで」ではなく、「始業時刻（業務の開始時刻）から終業時刻（業務の修了時刻）までである」と定めたら、そのルールを就業規則に記載しておきます。また、このルールを従業員に浸透させ、始業・終業時刻を記録することが大切です。

労働時間のルールを明確に定めて就業規則に記載する。

■会社に合った適切な時間管理方法を

労働時間の管理方法は、大きく分けて、自己申告制、タイムカード、クラウド型時間管理の三つがあります。一般的にタイムカードでの労働時間管理方法が多くの会社で取り入れられています。タイムカードは、外に出て仕事をしない工場勤務や店舗営業などには、適切な労働時間管理方法と言えますが、直行直帰での外回り営業をメインにしている従業員には適しているとは言えません。そのような従業員を抱える会社には、クラウド型の時間管理がおすすめです。クラウド型の時間管理は、直行直帰型の従業員の時間管理もスマートフォン等の携帯端末を使って行うことができます。また、支店・営業所等が多い企業であっても、打刻漏れの確認や労働時間の集計も本社で一括管理ができるのも利点の一つです。

いずれの時間管理方法でも、会社として管理している在社時間(拘束時間)と労働時間を従業員に示し、従業員にその時間を確認してもらう方法が、今後最も望ましい時間管理方法ということになります。

出退勤の規定例

「始業時刻」「終業時刻」のルールを明確にする。

【出退勤】

第○条　社員は出退社については、次の事項を守らなければなりません。

(1) 始業時刻前に出勤し、始業時刻とともに業務を開始しなければなりません。

(2) 始業時刻とは、始業準備を整えた上で実作業を開始する時刻をいい、終業時刻とは、実作業を終了する時刻をいいます。

(3) 始業時刻・終業時刻を、会社の指定する方法により、自ら記録しなければなりません。他人に依頼し、または他人の依頼を引き受けてはいけません。

(4) 社員は、終業時刻前に更衣等の帰宅準備をしてはいけません。帰宅準備行為は、書類・パソコン・作業用具・車両その他業務に使用した物品を所定の場所に整理格納した後におこなってください。

2．社員は始業時刻前、終業時刻後、または休日あるいは休暇に、会社の許可なく会社施設内に立ち入り、または留まってはなりません。

3．会社の命令を無視して、許可なく就業時間外に業務をおこなった場合には懲戒処分の対象とします。

これも覚えておこう

欠勤・遅刻・早退・私用外出の決まり

欠勤・遅刻・早退・私用外出は、事前に届け出て承認を得ることを原則にしましょう。また、欠勤・遅刻・早退・私用外出では、賃金の支給の有無を書いておきます。月給日給制では、ノーワーク・ノーペイの原則に基づいて欠勤・遅刻・早退・私用外出の時間分は減額するのが一般的です。

「1か月で3回遅刻した場合は欠勤1日分とする」というような規定はやめましょう。ノーワーク・ノーペイの原則を超えて、懲戒処分（減給）に相当する規定だとみなされるからです。

3 情報漏えいの防止

持込持出禁止、所持品検査、機密情報の保護規定

図りしれない情報漏えいのリスク

顧客情報がネット上に流出した、会社の営業機密が外部に漏れた、など近年、情報漏えいに関する不祥事は後を絶ちません。会社の機密情報の漏えいは、信用の低下、利益の損失など会社経営に計りしれない打撃を与えます。また、顧客や従業員の個人情報の流出は、**個人情報保護法違反**となり事業主が罰則を受ける場合もあります。

服務規律で規制をかけ、啓発する

情報漏えいのほとんどは、従業員による内部からの流出です。情報漏えいをしているという意識がなかった者もいれば、会社に不満をもち、悪意をもって内部の情報を持ち出す者もいます。パソコンやネット上でのセキュリティ対策を強化するとともに、服務規律で、会社の物品やデータ等の持ち込み・持ち出しの禁止、所持品検査を行なう旨を記載しておくことが大切です。また、個人情報・機密情報の管理の重要性について従業員に啓発を続けていかなければなりません。

情報漏えい防止の規定例

会社側の都合で所持品検査ができる旨を明記する。

【持込持出禁止】
第○条　出勤および退勤の場合において、日常携帯品以外の品物を持ち込み、または、会社の物品およびデータ等を持ち出そうとする者は所属長の許可を得なければなりません。

【所持品検査】
第○条　会社は必要に応じて、社員の出退勤の際あるいは会社内において社員の所持品を検査することができます。この場合、社員はこれに応じなければなりません。
2．検査の結果、所持が不正であると認めた場合はその全部または一部を、会社が保管または没収することができます。

【服務規律】

○機密情報の保護

・会社の内外を問わず、在職中または退職後においても、会社ならびに取引先等の機密、機密性のある情報、個人情報、顧客情報、企画案、ノウハウ、データ、ＩＤ、パスワードおよび会社が不利益と判断する事項を第三者に開示、漏えい、提供をしてはなりません。また、これらの利用目的を逸脱して取り扱い、または漏えいしてはなりません。

・個人でホームページ、ブログ、ツィッター、フェイスブック等を開設する場合は、情報の漏えいに留意しなければなりません。また、業務時間中にツィートやフェイスブック等の更新をしてはなりません。

・会社の許可なく、個人所有のパソコンに業務に関連する情報を保有してはなりません。会社の許可を得て個人所有のパソコンで秘密情報の複製・謄写を行なう場合でも、情報漏えいが起きる可能性のある環境(ファイル交換ソフト等)は一切排除してその操作を行なわなければなりません。

・会社の許可なく業務上守秘すべき情報および個人情報が入ったファイルを持ち帰ってはなりません。これは電子メールでの送受信も同様とします。

・自動車等から離れる場合は、車内に業務上の情報(書類・パソコン等)を置いてはなりません。

・会社の重要な機密文書、帳簿等を外部へ持ち出す際は施錠の出来るカバンを使用し、置き忘れや盗難が起こらぬよう十分に気をつけなければなりません。

・会社の許可なく、会社の関係者以外の者を事務室・作業室内に入場させてはなりません。

・個人情報等を破棄する場合は、会社が指定する方法で処分しなければなりません。

・機密上立入禁止とされた場所に、会社の許可なく立入る等の行為をしてはなりません。

・会社の許可なく、会社外の者に、製品見本その他物品の贈与を行ってはなりません。

・会社の許可なく、会社外の者に会社施設内を縦覧させ、または会社の施設、機械、器具、書類等を撮影あるいは模写する等の行為をさせてはなりません。

どんな情報が機密情報にあたるのかを明確にしておく。

インターネットで、情報漏えいしやすいルートを具体的に列記する。

4 その他服務規律で定めておきたい事項

通勤手段、服装・身だしなみ、私的行為の禁止

■ マイカー通勤の事故対策と運転規律の遵守

万が一の場合に備えて、会社が所有する車には保険をかけるのが普通です。しかし、従業員がマイカーで通勤している場合にまでしっかりとトラブル対策を講じるべきです。

通勤中の従業員がマイカーで事故を起こしたとき、その従業員だけでなく、運行供用者として雇用主である会社にまで損害賠償を請求されることがあります。マイカー通勤は許可制とし、任意の自動車保険に加入することを義務づけましょう。毎年届出させ、許可する際には、任意保険や運転免許が失効していないかを確認しましょう。また、自転車による高額賠償事故も多発していますから、自転車通勤の場合も自転車保険または個人賠償責任保険に入ってもらいましょう。

「飲酒運転はいけない」という当たり前のことでも、服務規律に規定しておかなければいけません。従業員への意識付けのほか、もしものときに、懲戒処分などができるようにしておきます。

通勤経路・手段の規定例

【通勤経路・手段】

第○条　社員は、会社へ通勤経路、通勤手段を届出なければなりません。

2．会社への通勤経路は、最も経済的に合理的な経路でなければなりません。

3．通勤手段は、原則として以下のものから会社が認めた方法によるものとします。

(1) 公共の交通機関

(2) 自家用車(バイク・原付含む)

(3) 自転車

4．自家用車(バイク・原付含む)を利用する場合には、以下の書類を通勤経路届に添付しなければなりません。

(1) 自動車運転免許証の写し
(2) 自賠責保険の保険証券の写し
(3) 任意保険(対人・対物無制限とする)の保険証券の写し

5．自転車を利用する場合には、以下の書類を通勤経路届に添付しなければなりません。
(1) 自転車保険等の保険証券の写し

通勤や営業業務などで自動車を使う場合、不携帯や失効を防止・確認するため、運転免許証の提示を求められるようにしておきましょう。また、服務規律に自動車運転に関する違法行為を記載するとよいでしょう。

自動車を業務に使う場合の規定例

【運転免許証の提示義務】

第○条　会社は個人車両(バイク・原付を含む)または会社所有車を通勤または業務で運行供用する者に、いつでもその運転免許証の提示を求めることができます。

2．社員は、運転免許証の停止または失効等、車両を運転できなくなったときは、ただちにその旨を会社に報告しなければなりません。

3．提示に応じない、または報告を怠った場合は、懲戒処分の対象になります。

【服務規律】

○誠実義務違反・反社会的・迷惑・不正行為等の禁止

- 自動車を運転するものは、運転免許証を提示しなければなりません。交通違反等で免許停止中などの者は運転をしてはなりません。
- 自動車を運転する者は、業務上外を問わず飲酒をして運転をしてはなりません。
- ハンズフリー機能によるものを除き、運転中に携帯電話で通話してはなりません。
- 道路交通法を遵守して運行しなければなりません。

当たり前のことでも規定しておくことでもしものときに懲戒処分にできる。

■服装·身だしなみ

従業員の服装や身だしなみは、会社の雰囲気を左右する重要な要素です。来客が多い会社や接客業などでは、会社のイメージを考えて規定します。

服装・身だしなみの規定例

【服務規律】

○服装・身だしなみ関係

- 服装などの身だしなみについては、常に清潔に保つことを基本とし、他人に不快感や違和感を与えないよう心がけなければなりません。また、服装を正しくし、作業の安全や清潔感に留意した頭髪、身だしなみをしなければなりません。
- 会社指定の制服等の着用を義務付けられた者は、これを着用しなければなりません。
- 刺青を彫り、またはタトゥーを入れてはなりません。
- 就業中のピアス、イヤリング、結婚指輪以外の指輪等、業務に直接関係のない装飾品を身につけてはいけません。
- ネイルアートをしてはなりません。
- 就業中は、職務に相応しい服装をし、必要と認める場合は会社の指示に従わなければなりません。なお、就業中の毛髪の過度な茶髪·金髪等の染色を禁止します。この場合、髪色の基準は日本ヘアカラー協会·レベル5までとします。

制服着用の義務があれば、必ず明記する。

服装・身だしなみは具体的に書く。

処分することを想定して、髪色は客観的な基準を明記する。

■会社の物品·施設などの私的利用禁止

いまや、パソコン・携帯電話は仕事でもプライベートでも必須のツール。会社のものでも「ついつい」私的に使ってしまいがちです。職務に専念してもらうためにも私用の禁止を義務づけましょう。また、個人の携帯電話であっても、業務中の私用は慎んでもらいます。

情報漏えい防止、情報管理の観点からパソコンやメール、携帯電話の内容をチェックするケースもあるでしょう。個人情報保護やプライバシーの侵害になるおそれがあるので、チェックする旨は必ず明記します。

私的行為の禁止の規定例

【電子端末の利用・モニタリング】

第○条　社員は、会社が貸与したパソコン、スマートフォン、携帯電話、タブレット端末、ドライブレコーダー、デジタルタコグラフ等(以下「電子端末」という)を業務遂行に必要な範囲で使用するものとし、私的に利用してはなりません。

2．会社は、必要と認める場合には、社員の承諾がなくても社員に貸与した電子端末内に蓄積されたデータ等を閲覧することができます。

3．会社は、前項の結果、不適切な情報が含まれる場合には、会社の判断で削除できるものとします。

4．会社は、電子端末のGPS機能を社員の労働時間の管理、顧客対応管理の目的で使用する場合があります。

【服務規律】

○私的行為の禁止

・業務中はもちろん、休憩中であっても会社内においてインターネットにて業務に関係のないWEBサイト等を閲覧してはなりません。

・会社の許可なくフリーソフト等をダウンロードまたはインストールしてはなりません。

・業務中に携帯電話を私用で使ってはなりません。

・許可なく会社の電話等の設備を私用に使ってはなりません。

・会社の施設、車両、事務機器、販売商品を無断で使用し、または私事に使用するため持ち出してはなりません。

パソコンも含めた会社の物品・施設の私的利用を禁止する。

■ その他の服務規律例

職場の秩序を保ち、業務を迅速に進めるために、遵守してほしい事項を具体的に列記しましょう。

その他服務規律に定めておきたいことの規定例

○遵守事項

・会社が定めた業務分担と諸規則に従い、所属長の指揮の下、誠実、正確かつ迅速にその職務を遂行しなければなりません。

・来客者には気持ちのよい会釈・挨拶をし、明るく接しなければなりません。

・職場の整理整頓に努め、常に清潔に保たなければなりません。

・業務上の失敗、ミス、クレームは隠さず、事実を速やかに所属長に報告しなければなりません。

・勤務時間中は、定められた業務に専念し、所属長の許可なく職場を離れ、または他の者の業務を妨げるなど、職場の風紀・秩序を乱してはなりません。

⋮

○誠実義務違反・反社会的・迷惑・不正行為等の禁止

・会社の命令および規則に違反し、また所属長に反抗し、その業務上の指示および計画を無視してはなりません。

・職務の権限を越えて専断的なことをしてはなりません。

・他の従業員をそそのかして、この規則に反するような行為、秩序を乱すような行為をしてはなりません。

・会社内において、人をののしり、または暴行を加えてはなりません。

・会社内外を問わず、噂話・悪口・侮辱・勧誘その他、他人に迷惑になる行為をしてはなりません。

・会社内外を問わず、ケンカ・暴行・脅迫等の行為をしてはなりません。

・会社の経費等の社金、公金の着服または流用、請求書あるいは領収書の偽造を行ってはなりません。

・社内の金品(本人の日常携行品を除く)を会社の許可なく、

移動、持ち出し、隠匿または使用してはなりません。
・出勤に関する記録の不正をしてはなりません。

⋮

○その他禁止行為

・会社の許可なく会社内及び取引先において、集会、文書掲示または配布、宗教活動、政治活動、私的な販売活動など、業務に関係のない活動を行なってはなりません。また、就業時間外および事業場外においても社員の地位を利用して他の従業員に対しそれら活動を行なってはなりません。
・所定場所以外で喫煙し、電熱器もしくはコンロ等の火気を許可なく使用してはなりません。
・会社の許可なく、副業をしてはなりません。
・従業員を他の会社に斡旋してはなりません。

二重就業を原則として禁止する。

⋮

○物品等取り扱い

・業務で使用する車両の運転は常に慎重に行ない、安全運転を心がけなければなりません。
・会社の車両、機械、器具その他の備品を大切にし、消耗品や水道光熱の節約に努め、書類等は丁寧に扱い、厳重に管理しなければなりません。

⋮

○届出・報告・承認事項

・職務遂行にあたっては、報告・連絡・相談の三原則を守らなければなりません。

第3章

労働時間と休日

トラブル例①

社長、先日、退職したシステム課のAから、残業代未払い分を支払うよう、内容証明の郵便が送られてきました。

なんだって！　それでいくら請求してきているんだ？

請求額は300万円になっています。

バカな！　そんなに払えるわけないだろう！

◉タイムカードの打刻時間が労働時間と認定される

　未払い残業代請求のトラブルはここ数年急増しています。その大半は、会社の労働時間管理の不備を突いたものです。

　例えば、こんな例はないでしょうか。

――就業規則で、「始業時刻９時・終業時刻18時・休憩時間は１時間」と規定。でも、タイムカードは従業員任せで、用事もないのに早く出社して８時にタイムカードを打ち、仕事が終わってもダラダラ在社して19時にタイムカードを打つ従業員がいる。その者が、朝の１時間分と夜の１時間分の残業代を払えと訴えてきた――。

　会社側が、「就業規則で、９時から18時が労働時間だ」と主張しても、第三者はタイムカードを見て「８時から19時まで働いている」と判断するでしょう。記録として残っているだけに、従業員の請求通りに残業代が認められる可能性が高いです。

◉労働時間を記録しないと不利な状況に

　このような不正確な管理記録を残したくないからタイムカードなどでの労働時間管理は行っていない、という会社もあるようですが、これはもっとひどい事態に発展することがあります。

　従業員側が、毎日自分の手帳に始業時刻と終業時刻と労働内容を書き込んでいて、「残業代をもらっていません」と訴えてきたら、どうなるでしょうか。タイムカードなどの証拠書類がない会社側の主張よりも、コツコツと続けられた従業員側の記録のほうが信ぴょう性は高いとして、そのまま認められてしまう可能性があります。それがたとえ実情と異なる記録だったとしても、です。

◉適切な労働時間管理を

ですから、タイムカードなどの時間記録は、必ずしなければなりません。大切なのは、その管理方法です。

２章の62ページで説明したように、就業規則には始業時刻、終業時刻を記載するだけでなく、「始業時刻から終業時刻が労働時間で、タイムカードはその時刻に押す」と明記し、始業時刻以前と終業時刻以後は労働時間と認めない旨を説明します。

また、残業は許可制とし、従業員から申し出た残業を許可したとき、または会社が残業命令を出したときだけ、残業時間として認められることとします。➡詳細は85ページへ

◉許可制は厳格な運用を

ただし、許可制にも抜け穴はあります。「残業許可制は形骸化しており、実質では従業員がタイムカードを押した後も残業をしていることが黙認されている」と従業員が主張し、かつそれを証明する客観的な証拠があれば、いつでも会社側の言い分がひっくり返されるおそれがあります。

これまでの判例では、パソコンのログイン－ログアウト時間がタイムカードの打刻時間よりも長かったことで、実質的に残業をしていたと認められたことがあります。パソコンのログイン－ログアウト時間が、労働時間とみなされたのです。

そのようなことにならないためには、残業を許可しなかった場合は退室させる等、実際に残業をさせないように、厳格な運用をする必要があります。

◉労働時間管理の徹底を

どんな対策を講じても抜け穴はあります。ただ、その穴を少しでも小さくすることはできます。

例えば、出社時刻ではなく、始業時刻にタイムカードを押し、退社時刻ではなく終業時刻にタイムカードを押すことを徹底させます。また、パソコンや端末の起動・ログインおよびログアウトを始業・終業時刻に合わせて行わせるようにします。製造業なら、始業時刻とともに生産ラインに着き、終業時刻とともに離れることを守ってもらいましょう。

ずさんな労働時間管理は未払い残業代請求の問題を引き起こすだけではありません。ダラダラ残業している社員の給与が高く、効率的に仕事をこなす社員の給与が低くなるようでは社員の士気も下がります。こういった問題を未然に防ぐためには、労働時間の管理には徹底した対策をとる必要があります。 ➡詳しくは85〜86ページへ

◆労働時間管理のトラブルは
労働時間管理の徹底具合に応じて危険度が変わる

危険度
高

①	タイムカードなどの労働時間管理を全く行っていない
②	出勤簿・日報管理で出社はわかるが、勤務時間はわからない
③	タイムカードまたは自己申告形式で、始業時刻および終業時刻を管理する
④	③に加えて、直行直帰の外勤社員はクラウド型勤怠管理システムで時間管理を行う
⑤	③④の時間記録を、間違いがないかどうか毎月労使間で確認をする

トラブル例②

社長、営業課長のBが、未払い残業代を請求してきました。

Bは課長だろ。管理職には残業代を払わなくていいはずだ。

それが、「名ばかり管理職」だから、残業代を請求できると言ってきていまして…。

なに！　彼は部下の仕事を管理をしているんだから、「名ばかり」ではないはずだぞ。

◉増えている「名ばかり管理職」のトラブルに注意を

労働基準法第41条では、労働時間、休憩および休日に関する規制から外れて、残業代支払いの対象とはならない人を定めています。これに該当するのが**管理監督者**です。課長や部長などの管理職は管理監督者であり、残業代を支払わないでいいと考えている会社は、注意しなければなりません。労働基準法で規定される管理監督者とは、労働条件の決定その他の労務管理について経営者と一体的な立場にある者とされています。すなわち、管理監督者とは、名称で決まるのではなく、実質的に「経営者と一体的な立場にある人」、ほぼ会社役員の立場の人です（執行役員・兼務役員を除く）。つまり、中小企業では役員以外の人でこの立場に該当する人はほとんどいないのです。

ですから、「課長になったとたんに残業代がカットされ、給与がかえって低くなった」「一般社員と同様、タイムカードで時間管理をし欠勤控除を行っている」「部長になったが、管理監督すべき部下がいない」「店長だが、アルバイトが休んだら代わりに業務に従事しなければならない」というような扱いの「管理職」は、実態としては管理監督者に該当しない「名ばかり管理職」とみなされます。名ばかり管理職の問題は近年表面化し、会社側が多額の未払い残業代を払うケースが増えています。上記に該当する会社は、「名ばかり管理職」とされる可能性が高いので注意が必要です。

1 労働時間の基礎知識①

法定労働時間と所定労働時間

■ 労働時間とは

まずは、「労働時間・法定労働時間・所定労働時間」の定義を正しく認識しましょう。これらの知識は、後述する時間外労働や変形労働時間制を理解するためにも必要です。

労働時間とは、「労働者が会社の指揮命令下にあり、会社に労務を提供している時間」のことです。「指揮命令下にある」とは、会社の具体的指示・命令がある業務や、雇用契約上行なう必要のある業務をしている状態です。

この定義を基本として、２章で説明したように就業規則で労働時間についてのルールを具体的に明記し(62ページ)、トラブルの芽を摘みましょう。

労働時間となるもの

- 実労働時間
- 次の仕事までの待機時間
- 仕事の移動時間
- 業務に必要な電話待ちなど

労働時間とならないもの

- 休憩時間
- 会社の許可なく自己の判断で行なう業務
- 私用の外出
- 組合活動など

■法定労働時間と所定労働時間の原則

労働基準法によって１日８時間、１週40時間を労働時間の上限とすることが定められています。これを**法定労働時間**といいます。ただし特例として、飲食業、小売業など一定の業種で従業員が９人以下の営業所や支店は、１週の労働時間の上限が44時間まで認められます。

一方、**所定労働時間**とは、就業規則や雇用契約書で会社が定めた労働時間です。所定労働時間は、原則として法定労働時間を超えて定めることはできません。

●法定労働時間と所定労働時間

法定労働時間

法定の労働時間の上限。原則として、
１日８時間
１週40時間

1日8時間

月	火	水	木	金	土	日
8	8	8	8	8	休	休

１週40時間

所定労働時間

会社の就業規則や雇用契約書で定めた労働時間。法定労働時間の範囲で定める。

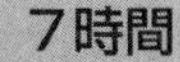

法定労働時間内OK！

× 8.5時間　法定労働時間を超えるNG！

月	火	水	木	金	土	日
7	7	7	7	7	5	休

計40時間
法定労働時間内OK！

×						
7	7	7	7	7	7	休

計42時間
法定労働時間を超えるNG！

労働時間の規定例

休憩時間については81ページ参照。

【所定労働時間等】

第○条　社員の所定労働時間は、１日８時間00分とし、始業・終業等の時刻および休憩時間は原則次のとおりとします。

■所定労働時間

始業時刻	９：00
終業時刻	18：00
休憩時間	60分

２．始業および終業時刻は、業務の都合により、当該勤務日の所定労働時間の範囲内で、職場の全部または一部または個人において変更することがあります。

３．労働時間とはあくまで会社が具体的指示、命令、その他要求する業務に従事している時間をいいます。会社の許可なく個人的判断でおこなっている任意の業務、または任意でおこなう業務技術向上のための訓練などは、労働時間として認識しません。出勤簿やタイムカードは出勤時刻や退勤時刻の記録ですので、会社はその全てを労働時間としては認識しません。

４．休憩時間とは、食事・喫煙・休息等、社員が業務を離れてから、業務へ戻るまでの時間をいいます。

労働時間について、細かく規定しておく。

2 労働時間の基礎知識②
休憩時間の与え方と活用法

■ 休憩時間の与え方のルール

休憩時間とは、「会社の管理下になく、自由に利用できる時間」のことで、労働時間から除外されます。休憩時間については就業規則に必ず記載します。

休憩時間の与え方には次のようなルールがあります。

①労働の提供から離れ、自由に利用できるようにする。
②労働時間の途中に与える。
③労働時間が６時間を超える場合は45分以上、８時間を超える場合は１時間以上与える。
④一斉に与える。

④の「一斉に与える」は、従業員が一斉に休憩をとると業務に支障が出る飲食店、販売などの業種(次ページコラム参照)では、一斉に与えなくてもよいことになっています。

■ 休憩時間の「自由」はどこまで制約できる?

休憩時間が「自由に利用できる時間」だからといって、何でも自由にされては困る場合もあります。例えば、休憩時間に行うSNSや私的なメールは、情報管理や秩序管理の観点から好ましくないと考える会社もあります。そこで、例えば「会社が貸与したパソコン(メールアドレス) 及び携帯電話による私的なメールを禁止する」といったように、会社側の管理権が及ぶ範囲で合理的な理由があれば、休憩時間の使い方について就業規則の服務規律などで制約を設けることができます。

■ 休憩時間をもっと有効に活用する

休憩時間は、最低時間さえクリアすれば何時間与えてもかまいません。また、労働時間の間であれば、どのように与えてもよいことになっています。休憩１時間分を１時間まるまるお昼に与えてもよいし、45分と15分というように分けて与えてもよいのです。

体力的な疲労や集中力の低下を避け、作業効率を上げるために、10分程度の休憩時間をこまめにはさむことを検討してもいいかもしれません。

労働時間は増やしたくないけれど、会社にいる時間(拘束時間)を長くしたいなら、休憩時間を有効に活用しましょう。例えば、顧客対応のためにどうしても10時から20時まで在社していなければならないという会社は、休憩時間を１時間にすると、労働時間が９時間となって法定労働時間を超えてしまいます。しかし、休憩時間を２時間にすれば所定労働時間は８時間となり、法定労働時間の中に収まります。休憩時間は、比較的業務が暇な時間帯に配分するか、交代で与えるようにすれば業務にも支障が出ることはないでしょう。

●休憩時間の配分のルール

労働時間が６時間を超える場合、**最低45分** 与える
〃　　８時間を超える場合、**最低１時間** 与える

労働時間中の休憩		
45分休憩（途中）	○	労働時間の間に与える
45分休憩（終わり）	✕	労働時間の終わりに与えてはダメ
45分休憩、15分休憩	○	最低時間を確保していれば、何度かに分けて何時間与えてもよい
1時間休憩、15分休憩、15分休憩	○	最低時間を確保していれば、何度かに分けて何時間与えてもよい

これも覚えておこう

休憩時間の一斉付与の例外

次の業種は休憩時間の一斉付与が適用されません。

運送・旅客・貨物・販売・理容・金融・保険・広告・映画・演劇・興行・郵便・信書便・電気通信・保健衛生・旅館・飲食店・接客娯楽・官公庁

また、上記の業種以外でも、労使協定を締結することで一斉付与の原則から除外されます。この協定書については労働基準監督署へ届け出る必要はありません。

3 休みの日の決まり

休日・労働日・休暇の意味

■「休日」「労働日」「休暇」の意味をしっかり把握する

労働基準法が定める休日の与え方について解説をする前に、「休日」「労働日」「休暇」のそれぞれの正確な意味を覚えておきましょう。

休日とは、「初めから労働義務がない日」のことです。対して、**労働日**は、「労働義務がある日」です。

そして、**休暇**とは、「もともと労働日だが、会社または従業員の意向で労働義務が免除された日」のことです。例えば、年次有給休暇がこれにあたります。「休日」と「休暇」、どちらも「休み」ですが意味は違います。

■ 法定休日と所定休日

労働基準法では休日の与え方に最低限の基準を設けており、原則として「１週間に１日以上与えなければいけない」としています。これを**法定休日**といいます。業種や業態によって週に１日休日を与えるのが難しい場合は、基準日を設けたうえで４週間に４日の休日を与える**変形休日制**も認められています。

所定休日は会社が就業規則や雇用契約などで定めた休日のことです。所定休日の与え方は法定休日を下回ってはいけません。また、所定労働時間が法定労働時間を上回らないように所定休日を設けなければなりません。１週40時間が法定労働時間の上限ですから、所定労働時間が１日８時間の場合は原則として週休２日制となります。

■ 所定休日の決め方で残業代の単価が変加

就業規則には、どのような日が所定休日になるかを定めておかなくてはなりません。その際、カレンダー通りに土日、そして祝日や国民の休日を所定休日にしているところが多いようです。しかし、所定休日の決め方によって、残業代の単価が変わってくるのです。

365日から所定休日を除いた日が、**所定労働日数**です。労働日は労働義務が発生する日です。１年間の総所定労働時間は１年間の所定労働日数と１日の所定労働時間で決まります。

１年間の総所定労働時間 ＝１年間の労働日数 × １日の所定労働時間

４章で詳しく説明しますが、１年間の総所定労働時間が長いほど時間外労働の割増手当の単価は低くなり、総所定労働時間が短いほど単価は高くなります。

例えば、採用における優位性や従業員の長時間労働抑制のため、「休み」を増やすことを検討する場合、休日を増やしてしまうと残業代の単価が上がってしまいますが、休暇であれば、単価はそのままで「休み」を増やすことが可能です。休暇には年次有給休暇の計画的付与（103ページ参照）や特別休暇（107ページ参照）などを充てます。

●休日と休暇の違い

休日

- 労働義務がない日
- 所定労働時間は発生しない

5日が祝日の場合、祝日を休日としている会社では労働日にはカウントされない。

日	月	火	水	木	金	土
						1
2	3	4	5	6	7	8
9	10	11	12	13	14	15

休暇

- もともとは労働日で労働義務があるが、労働義務を免除された日
- 所定労働時間に含まれる

祝日が休暇であれば労働日にカウントされる。

日	月	火	水	木	金	土
						1
2	3	4	5	6	7	8
9	10	11	12	13	14	15

4 時間外労働の決まり①
残業を会社がコントロールする規則に

■ 法定労働時間を超えたら時間外

法定労働時間を超えて働かせた場合、その超過した労働時間のことを**時間外労働**といいます。いわゆる「残業」です。

また、法定休日に労働することを**休日労働**といい、そして深夜に労働することを**深夜労働**といいます。それぞれ法定の**割増賃金**を支払わなければなりません(124ページ参照)。

■ 残業は許可制にする　きちんと運用することがカギ

残業には割増賃金が発生するといっても、多くの中小企業にとって無尽蔵に割増賃金を支払う余裕はありません。そこで、残業代が発生しないように、あるいは残業代が発生しても最小限度に抑えるために、できればコントロールしたいものです。残業を従業員の個人判断で任せているところもありますが、それではダラダラと仕事するために残業をするという従業員を止めることができません。結果として、仕事の効率の悪い人ほど受け取る賃金が多いということになりかねません。

本来、労働時間は会社の指示命令下にあるものです。したがって、残業をするかどうかは会社が指示命令、つまり判断するようにしましょう。会社が残業を指示した場合には原則として拒否できないことを就業規則に明記しておきます。また、従業員が残業を必要とするときは、事前に申請(書類を提出させたほうがよい)させ、会社がその是非を判断して許可を出す許可制にするのです。会社の許可のない残業は、残業として認めないようにします。

この章の冒頭で示したトラブル例のようにならないためには、残業の許可制を形骸化させてはいけません。申請もなく従業員が会社に居残っているのが常態化している場合、黙示の指示があったと取られる可能性もあります。

時間外労働の規定例

【時間外労働・休日労働・深夜労働】

第○条　会社は、業務の都合により、時間外労働・休日労働・深夜労働を指示することがあります。社員はこれに従わなければなりません。

2．時間外労働･休日労働は、「時間外･休日労働に関する協定」を届け出て命令するものとします。

3．第1項の場合であっても、小学校就学前の子を養育または介護をおこなう社員が請求した場合は、事業の正常な運営が妨げられる場合を除き、1か月に24時間、1年に150時間を超える時間外労働・深夜労働をさせることはありません。ただし、対象となる社員の範囲、適用除外の期間、手続きなどは育児・介護休業法の通りとします。

4．妊娠中および出産後1年を経過しない女性(以下「妊産婦」という)から請求があった場合、時間外・休日・深夜労働は命じないものとします。

5．前項の制限を請求しようとする者は、制限を開始しようとする日および制限を終了しようとする日を明らかにして、原則として制限開始予定日の1か月前までに所定の届出書を会社に提出しなければなりません。その際、必要に応じて各種証明書の提出を求めることがあります。

【時間外労働・休日労働許可】

第○条　時間外労働・休日労働・深夜労働をおこなう場合は、事前に所属長の許可を得ることとし、事前に所属長の許可のない時間外労働・休日労働・深夜労働は原則として認めません。また、会社から自宅などに書類を持参すること、またメールなどで送信して自宅にて業務をおこなってはなりません。

2．社員は、勤務時間外もしくは休日出勤業務の内容、それをおこなう理由、対象となる予定時間、日にちなどを事前に所属長に連絡し、書面をもって許可を得てください。緊急などの理由で事前許可が得られない場合は、事後ただちに承認を求めなければなりません。

残業には、時間外労働と休日労働、深夜労働があることを明記する。

業務命令として会社が残業を指示するときは、原則として従業員は拒否できないことを明記する。

従業員が残業の必要があると判断した場合でも、会社の許可を必要とすることを明記する。

自宅での作業やメール記録が、訴訟では残業として認定されることがあるので、禁止しておく。

緊急の事態で事前の申請ができない場合も、迅速に事後申請をすることを記載する。

時間外労働の適用除外となる者とは？

労働基準法第41条第２号に、**管理監督者**には労働時間、休憩、休日に関する規定は適用されないことが定められています。なお、ここでいう管理監督者とは次のような人をいいます。

①経営幹部会での発言権、従業員の採用権、解雇決定への関与、部下の労働時間管理、部下の人事権など重要な職務と権限が与えられている。

②賃金は、労働時間ではなく、自身の役割や権限、責任の遂行によって決定される。労働時間は自身の裁量で決めることができる。

③地位にふさわしい十分な給与や待遇が与えられている。

このように、管理監督者とは、実質的に「経営者と一体的な立場にある人」、つまり、ほぼ会社役員と同等の立場の人です。会社から役職を与えられたけれども、タイムカードで労働時間を管理され欠勤控除される人、いわゆる「名ばかり管理職」は管理監督者とはいえず、この人にも時間外労働は適用されます。

適用除外の規定例

【適用除外】
第○条　労働基準法第41条に規定する監督もしくは管理の地位にある者については本節の規定を適用しません。

これも覚えておこう
法定休日の曜日は特定しない

週休２日制の会社では、「日曜日を法定休日とする」など、法定休日の曜日を必ずしも特定する必要はありません。法定休日に労働した場合、休日労働とみなされて法定の割増賃金がかかります。そもそも法定休日には「曜日を特定する」という決まりはなく、「週に１度」休みを与えればいいのです。週２日の所定休日のどちらかをケースバイケースで法定休日にするという柔軟な運用ができるようにしておくのもよいでしょう。

5 時間外労働の決まり②

36協定に盛り込む事項

36(さぶろく)協定は労働基準監督署に届け出る

従業員に時間外労働や休日労働をさせる場合、事前に**「時間外労働及び休日労働に関する労使協定」**を書面で締結しておかなくてはなりません。この協定は、労働基準法第36条で規定されていることから、**36協定**と呼ばれています。

36協定では、次のようなことを取り決めます。

①時間外または休日に労働させる必要のある具体的事由

②時間外労働を命じることのある業務の種類

③時間外労働を命じる対象となる業務に就くすべての従業員

④１日および１日を超える一定の期間についての延長することができる時間または労働させることができる休日

⑤労使協定の有効期間(最長１年間)

36協定は協定期間が始まる前に毎年締結し、労働基準監督署に提出しなければなりません。提出後に、時間外労働や休日労働が可能になります。さらにこの協定を業務命令として効力を持たせるためには、就業規則などへ時間外労働、休日労働を命じる場合がある旨の記載が必要になります。

労働時間の限度と特別条項

36協定さえ結べば、何時間でも労働させることができるわけではありません。延長できる労働時間は右表のように定められています。

ただし、一時的、臨時的な理由に限って、特別条項として限度時間を超えた時間を定めることがで

●延長できる労働時間の基準

期間	限度時間
１週間	15時間(14時間)
２週間	17時間(25時間)
４週間	43時間(40時間)
１か月	45時間(42時間)
２か月	81時間(75時間)
３か月	120時間(110時間)
１年間	360時間(320時間)

＊(　)内は３か月を超える１年単位の変形労働時間制の場合

きます。

その際、特別条項の記載内容として、

①原則の限度時間

②限度時間を超える事情

③限度時間を超えて業務を命じる場合の労使の手続き方法

④限度時間を超える時間の限度

⑤限度時間を超えることのできる回数

⑥限度時間を超えた場合の賃金の割増率

を協定に盛り込む必要があります。

36協定と特別条項に関しては、プロローグでも触れたとおり、上限規制が予定されています。施行までの間に労働時間管理を徹底し、法に抵触しないような働き方ができるように対策しておかなければなりません。

●時間外労働及び休日労働に関する労使協定(36協定)

様式第9号（第17条関係）

時間外労働
休日労働　に関する協定届

事業の種類	事業の名称	事業の所在地（電話番号）

	時間外労働をさせる必要のある具体的事由	業務の種類	労働者数（満18歳以上の者）	所定労働時間	延長することができる時間 1日	延長することができる時間 （1日を超える一定の期間起算日）	期間
① 下記②に該当しない労働者							
② 1年単位の変形労働時間制により労働する労働者							

休日労働をさせる必要のある具体的事由	業務の種類	労働者数（満18歳以上の者）	所定休日	労働させることができる休日並びに始業及び終業の時刻	期間

協定の成立年月日　　年　月　日

協定の当事者である労働組合の名称又は労働者の過半数を代表する者の　職名
氏名

協定の当事者（労働者の過半数を代表する者の場合）の選出方法（　　　）

年　月　日

使用者　職名
氏名　㊞

労働基準監督署長殿

記載心得

1 「業務の種類」の欄には、時間外労働又は休日労働をさせる必要のある業務を具体的に記入し、労働基準法第36条第1項ただし書の健康上特に有害な業務について協定をした場合には、当該業務を他の業務と区別して記入すること。

2 「延長することができる時間」の欄の記入に当たつては、次のとおりとすること。

(1) 「1日」の欄には、労働基準法第32条から第32条の5まで又は第40条の規定により労働させることができる最長の労働時間を超えて延長することができる時間であつて、1日についての限度となる時間を記入すること。

(2) 「1日を超える一定の期間（起算日）」の欄には、労働基準法第32条から第32条の5まで又は第40条の規定により労働させることができる最長の労働時間を超えて延長することができる時間であつて、同法第36条第1項の協定で定められた1日を超え3箇月以内の期間及び1年間についての延長することができる時間の限度に関して、その上欄に当該協定で定められたすべての期間を記入し、当該期間の起算日を括弧書きし、その下欄に、当該期間に応じ、それぞれ当該期間についての限度となる時間を記入すること。

3 ②の欄は、労働基準法第32条の4の規定による労働時間により労働する労働者（対象期間が3箇月を超える変形労働時間制により労働する者に限る。）について記入すること。

4 「労働させることができる休日並びに始業及び終業の時刻」の欄には、労働基準法第35条の規定による休日であつて労働させることができる日並びに当該休日の労働の始業及び終業の時刻を記入すること。

5 「期間」の欄には、時間外労働又は休日労働をさせることができる日の属する期間を記入すること。

6 変形労働時間制①
運用しやすい制度としにくい制度がある

■ 時期によって繁閑の差がある会社におすすめ

休日を返上するほど猛烈に忙しい時期があるかと思えば、終業時刻を繰り上げたいほど暇な時期があるといったように、季節・業種などによって労働時間に大きなばらつきがあることがあります。こんな会社にとって、原則1日8時間、1週40時間の法定労働時間は窮屈でたまらないでしょう。

そんな会社のために「繁忙期は労働時間を増やして働く代わりに、閑散期には労働時間を短くすることで、平均して1週間あたりの労働時間が40時間を超えないようにすればOKですよ」という制度があります。これを**変形労働時間制**といいます。部署ごとに導入することもできます。

■ おすすめは「1か月単位」と「1年単位」

変形労働時間制には、次のようにいくつかの種類があります。

①1か月単位の変形労働時間制
②1年単位の変形労働時間制
③みなし労働時間制
④1週間単位の変形労働時間制
⑤フレックスタイム制

このなかで運用しやすいのは**1か月単位の変形労働時間制**と**1年単位の変形労働時間制**の二つです。

次項から、1か月単位の変形労働時間制、1年単位の変形労働時間制についてそれぞれの特徴や運用の仕方を見ていきますが、ここではそれ以外の変形労働時間制の問題点を解説しましょう。

■ みなし労働時間制と問題点

一定の業種や専門業務に対して、会社が労働時間を管理するのが難しいために一定時間働いたものとみなす制度があります。これがみなし労働時間制です。みなし労働時間制には、外回り中心の営業社員などが対象になる事業場外労働に関するみなし労働時間制と、仕事の時間配分を会社側が指示しにくいマスコミの記者や研究者などが対象になる専門業務型裁量労働制があります。

就業時間が9時から18時と決められている会社で、9時から19時まで働いたとすると、通常は18時から19時までの1時間残業したことになります。しかし、みなし労働時間制を採用し、事業場外労働をしたときは、所定労働時間を労働したものとする協定をすれば、所定労働時間労働したことになります。つまり残業はないこととなるため、残業代対策に有効として、この制度を導入している会社があります。しかし、実際は有効に適用できる範囲が少ないため、運用が難しい制度になっています。

まず、外回りの営業社員などが対象となる「事業場外労働に関するみなし労働時間制」は、労働者が事業場外で働いていて、会社の指揮・管理下にないことが適用条件の一つです。しかし、携帯電話でどこでもすぐに相手と話すことができる現在、そのような状況を作り出すことのほうが困難です。また、仮に適用できたとしても、対象労働者が同一日に事業場外と事業場内で働いた場合、みなし時間と事業場内勤務時間が合算されるため、実際の勤務時間より過大な時間が賃金支払の対象となり

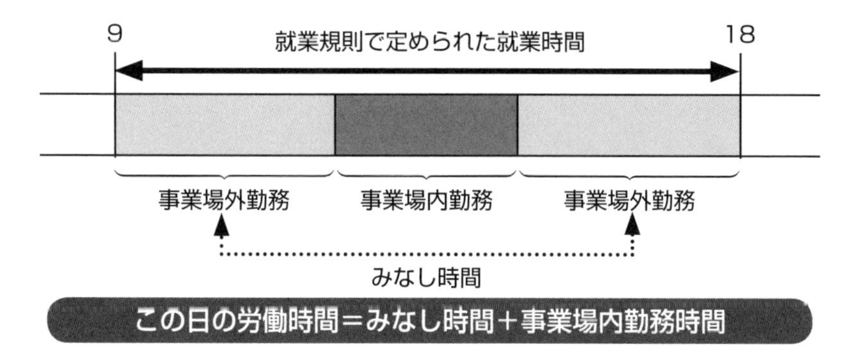

ます。

また、デザイナーやコピーライター、ゲームクリエイター、税理士などの専門業種に適用できるとされる「専門業務型裁量労働制」は、専門業種に就いていれば誰でもよいわけではなく、会社や上司から指示を受け、時間配分を管理される単なる作業者は対象外であり、ごく一部の管理者クラスにしか適用できないものになっています。

みなし労働時間制を採用している従業員から未払い残業代請求をされた際、実際はみなし労働時間制を採用できない従業員である、と認定されれば、みなし労働時間ではなく、実際の労働時間をもとに残業時間を算出することになります。みなし労働時間制を採用すると後々問題になることも考えられますから、避けることをおすすめします。

■ 1週間単位の変形労働時間制とフレックスタイム制の問題点

1週間単位の変形労働時間制は、1週間の労働時間が40時間以内であれば、1日10時間まで所定労働時間を延長することができるというものです。ただし、常時使用する従業員が30人未満の事業場で、業種も小売業、旅館業、料理・飲食店に限られています。ですから、この変形労働時間制は、限定的・例外的なものといえます。

フレックスタイム制は、始業時刻や終業時刻を従業員が自由に決めることができるというものです。コアタイム（必ず就業していなければならない時間帯）を決めておくこともできます。

フレックスタイム制の問題点は、従業員が労働時間に大きな裁量を持っているだけに、会社側が管理しにくいという点です。従業員がその日、何時に出社して何時に帰社するのかということを個別に把握しなければならず、また「何時に会議があるから出席しなさい」と業務命令を出すことも難しくなります。

7 変形労働時間制②

1か月単位の変形労働時間制

■ 1か月単位で労働時間を調整できる

1か月単位の変形労働時間制は、1か月以内の一定期間で1週間あたりの労働時間を40時間に収めるように調整すれば、1日8時間、1週40時間を超えても残業代が発生しないという制度です。1か月単位で繁閑の波がある、交代制勤務や夜勤があるといった会社や部署で導入を検討してはいかがでしょうか。

■ 就業規則または労使協定で定めておく

導入にあたっては、事前に就業規則または労使協定で定めておく必要があります。労使協定で定める場合は、有効期間を決めて、その期間ごとに協定を結び直し、労働基準監督署に届けなければなりません。

●1か月単位の変形労働時間制の利点

条件

・一定期間（1か月以内）で1週間あたりの労働時間を平均して40時間以内に収めるように調整する。

・所定労働時間を定めた勤務シフト表を事前に個別に通知しておく。

※勤務シフトの作成に不備があった場合、変形労働時間制が否定される可能性もあります。

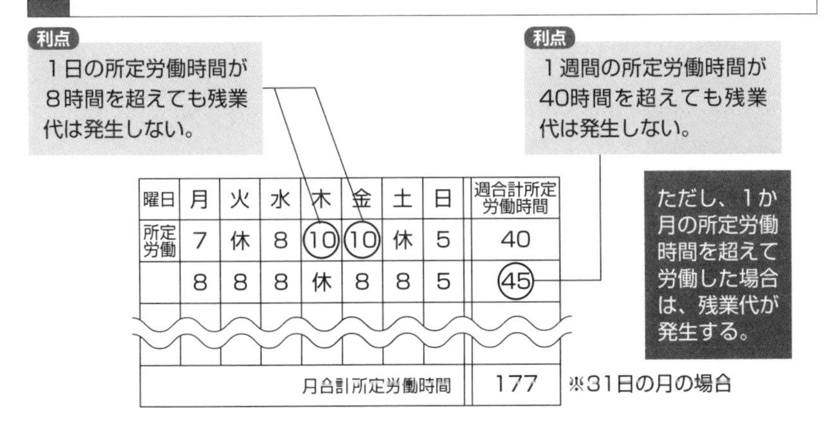

1か月単位の変形労働時間制の規定例

【1か月単位の変形労働時間制】

第○条　社員の所定労働時間は、毎月1日を起算日とした1か月単位の変形労働時間制を適用します。この場合、所定労働時間は1か月を平均し、1週間あたり週法定労働時間を超えない範囲とします。

2．1か月の労働時間の総枠は次の通りとします。

区分	労働時間の総枠
1か月の日数31日	177時間
1か月の日数30日	171時間
1か月の日数29日	165時間
1か月の日数28日	160時間

法定労働時間の総枠の計算方法は、40時間×(1か月((変形期間))の暦日数÷7日)。所定労働時間の総枠は、これを超えないようにする

3．各社員の勤務シフトと休日の割り振りは、所属長より毎起算日の前日までに決定して勤務シフト表を社員に通知します。

4．勤務表が完成した後、業務の都合により勤務シフト表を修正することがあります。その場合、変更予定日の概ね1週間前までに通知することとします。

5．始業及び終業の時刻は、業務の都合により事前に予告して当該勤務日の所定労働時間の範囲内で、職場の全部または一部または個人において変更することがあります。

6．労働時間とはあくまで会社が具体的指示、命令、その他要求する業務に従事している時間をいいます。会社の許可なく個人的判断でおこなっている任意の業務、または任意でおこなう業務技術向上のための訓練などは、労働時間として認識しません。出勤簿やタイムカードは出勤時刻や退勤時刻の記録ですので、会社はその全てを労働時間としては認識しません。

7．妊産婦が請求した場合は1日8時間、1週40時間を超えて労働させることはありません。また、小学校就学前の子を養育する者、家族を介護する者で会社が認めた場合は、育児または介護に必要な時間を確保できるよう配慮します。

8．休憩時間とは、食事・喫煙・休息等、社員が業務を離れてから、業務へ戻るまでの時間をいいます。

【1か月単位の変形労働時間制の時間外労働】

第○条　1か月単位の変形労働時間制を採用した場合の割増賃金の対象となる時間は、次のいずれかに該当する時間とします。

⑴　1日については、労使協定、就業規則等により8時間を超える労働時間を定めた日はその時間を超えて、それ以外の日は8時間を超えて労働した時間。

⑵　1週間については、労使協定、就業規則等により40時間を超える労働時間を定めた週はその時間を超えて、それ以外の週は40時間を超えて労働した時間(第1号によって時間外労働となった時間を除く)。

⑶　対象期間については、その期間についての総労働時間の限度を超えて労働した時間(第1号または第2号によって時間外労働となった時間を除く)。

8 変形労働時間制③
1年単位の変形労働時間制

■ 労使協定書と年間休日カレンダーを届け出る

1年単位の変形労働時間制は、1か月を超える1年以内の一定期間(変形期間)で、ビジネスの繁忙期・閑散期に応じて労働時間の多い時期と少ない時期を設定します。その期間のなかで、平均して1週間あたりの労働時間を40時間に収めれば、時期によって1日8時間、1週40時間を超えても残業代が発生しないというものです。

1年単位の変形労働時間制は変形期間が長いために融通がきき、季節ごとに繁閑がある会社には便利な制度です。ただし、就業規則で定めるとともに、労使協定を締結して、年間の休日を定めたカレンダーとともに労働基準監督署に届けなければなりません。

■ 労働時間や労働日数の主なルール

1年単位の変形労働時間制は会社にとっては融通のきく一方、従業員に長期間負担を強いることにもなりかねません。そのため、適用する際には、労働時間や労働日数について主に以下のようなルールを定めています。

- 対象期間が3か月を超える場合は、労働日数の限度は1年あたり280日。
- 労働時間の限度は、1日10時間、1週間に52時間。ただし、対象期間が3か月を超える場合は、次の限度になる。
  ①1週間の労働時間が48時間を超える週は連続3週まで。
  ②労働時間が1週48時間を超える週は、3か月ごとに区分した期間の中で3回まで。
- 連続して労働できる日数は6日まで。ただし繁忙期(特定期間)と指定した時期は、連続して労働できる日数は12日まで。

上記に沿った年間カレンダー、シフト制の場合は各月の総労働時間を定め、具体的なシフト表はそれぞれの期間の初日の30日前までに作成する必要があります。

１年(365日)の法定労働時間＝週法定労働時間×年間の週の数
＝40時間×52.14…週(365日÷７日)＝2085.6時間

１年単位の変形労働時間制の規定例

【１年単位の変形労働時間制】

第○条　社員の所定労働時間は、毎年４月１日を起算日とする１年単位の変形労働時間制を採用します。変形労働時間制導入に際しては、労使間で協定を結ぶものとします。

２．変形期間の途中で入社する者や中途退職する者に対して、１年単位の変形労働時間制を適用する場合は、その実労働時間を平均し、週40時間を超えて勤務した時間に対し割増賃金を支払います。

３．始業及び終業時刻は、業務の都合により、事前に予告して当該勤務日の所定労働時間の範囲内で、職場の全部または一部または各人において変更することがあります。

４．所定労働時間は、１年を平均して週40時間以内で、１日につき10時間、１週につき52時間を限度とし、所定労働日、所定労働日ごとの始業および終業の時刻を定めるものとします。各日の始業・終業時刻は別に定める勤務シフト表によります。

５．労働時間とはあくまで会社が具体的指示、命令、その他要求する業務に従事している時間をいいます。会社の許可なく個人的判断でおこなっている任意の業務、または任意でおこなう業務技術向上のための訓練などは、労働時間として認識しません。出勤簿やタイムカードは出勤時刻や退勤時刻の記録ですので、会社はその全てを労働時間としては認識しません。

６．妊産婦が請求した場合は１日８時間、１週40時間を超えて労働させることはありません。また、小学校就学前の子を養育する者、家族を介護する者で会社が認めた場合は、育児または介護に必要な時間を確保できるよう配慮します。

７．休憩時間とは、食事・喫煙・休息等、社員が業務を離れてから、業務へ戻るまでの時間をいいます。

【1年単位の変形労働時間制の時間外労働】

第○条　1年単位の変形労働時間の時間外労働は、次の各号のいずれかに該当する時間とします。

⑴　1日8時間を超える時間を定めた日はその時間、それ以外の日は8時間を超えて勤務した時間

⑵　週の所定労働時間が40時間以下の週は、40時間を超えて勤務した時間

⑶　週の所定労働時間が40時間を超える週は、所定労働時間を超えて勤務した時間

⑷　法定労働時間の総枠を超えて労働した場合はその時間

9 年次有給休暇①

賃金の支払い方法と就業規則に記載する事項

■ 年次有給休暇とは

年次有給休暇とは、労働者の休暇のうち、会社から賃金が支払われる有給の休暇日のことで、労働基準法で定められた法定休暇です。入社後６か月勤務し、全労働日の80％以上出勤した従業員には年次有給休暇が付与されます。以後１年ごとの期間で全労働日の出勤率が80％以上の場合に年次有給休暇が付与されます（付与日数は101ページ参照）。

全労働日とは原則として所定労働日ですが、出勤率を計算するときは、下のような点に注意しなければなりません。

労働日に含めない日

①会社側の都合による休業
②台風などの天災や交通機関の停止による休業など、やむを得ない休業
③正当な争議行為による休業
④休日労働（休日に労働した日）

出勤したとみなす日

①業務上のけがや病気のために休業した日
②年次有給休暇を取得した日
③産前産後休業期間
④育児休業期間
⑤介護休業期間

これも覚えておこう

出勤率の計算において欠勤としてもよい日

次の休暇などは、会社の裁量で出勤しなかった日としてもかまいません。

①生理日の休暇　②子の看護休暇　③介護休暇

■ 賃金の支払い方法

年次有給休暇の賃金の支払い方法は、次の三通りあります。

①所定労働時間に労働した場合に支払われる通常の賃金で支払う。

②平均賃金で支払う。

③健康保険の標準報酬日額で支払う。

どの方法を採用するかは就業規則に定めておきます。①の通常の賃金

で支払う方法が計算も簡単で一般的です。なお、③の支払い方法を採用する場合は、労使協定の締結が必要になります。

■その他、会社が定めてよい事項

年次有給休暇は原則として従業員がいつでも自由にとることができます(**労働者の時季指定権**)。また、年次有給休暇の申し出は、休暇を取る日の始業時刻前までに会社に行えばよいとされています。

とはいえ、業務の引き継ぎもなしに休暇を申し出られても、業務に支障をきたすことになるでしょう。ですから、申請期限、休暇前の業務の引き継ぎなどを就業規則等に定めておきましょう。

また、年次有給休暇を請求された日に変更できない業務があり、代替要員がいないなどの場合は請求日を変更させることができる(**会社の時季変更権**)旨を記載し、会社と従業員の間でバランスをとって年次有給休暇を取得していくことが大切です。

●年次有給休暇に関して就業規則に記載する事項

1. 付与日数
2. 時季指定権と時季変更権
3. 賃金の支払い方法
4. 出勤率の計算方法(全労働日から除外する日・出勤日とみなす休業日・欠勤扱いとなる日など)
5. 請求手続き(申請期限・業務の引継義務など)
6. 比例付与が適用される従業員がいる場合は、その規定(詳細は101ページ)
7. 計画的付与がある場合は、その規定(詳細は103ページ)

10 年次有給休暇②

付与日数と比例付与

勤続年数で変わる付与日数

年次有給休暇は、付与基準日（勤続年数）ごとに所定労働日の80％以上出勤した従業員に対して、次のような日数が付与されます。勤続６か月から段階的に付与日数が増えていき、１年で最大20日が付与されます。

●年次有給休暇の付与日数

勤続年数	6か月	1年6か月	2年6か月	3年6か月	4年6か月	5年6か月	6年6か月以上
日数	10日	11日	12日	14日	16日	18日	20日

比例付与の対象者

正社員だけでなくパートタイマーなどにも、年次有給休暇は適用されます。１週間の所定労働日数が５日以上、または１週間の所定労働時間が30時間以上のパートタイマーには、正社員と同じ上記の年次有給休暇を付与しなければなりません。

では、週所定労働日数が４日以下（または年間所定労働日数が216日以下）かつ週所定労働時間が30時間未満のパートタイマーについては、どのように年次有給休暇が付与されるのでしょうか。この場合、次のページのように週の所定労働日数または１年の所定労働日数に応じて年次有給休暇が付与されます。これを**年次有給休暇の比例付与**といいます。

比例付与は雇用契約の内容で決める

比例付与は、会社と従業員との契約内容をベースにしています。契約更新で契約内容が変わった場合は、年次有給休暇が付与される日時点での契約内容による年次有給休暇が付与されます。その場合も、勤続年数は最初に雇用した日から継続しているものとして付与日数を算出します。

●比例付与の対象の判断基準

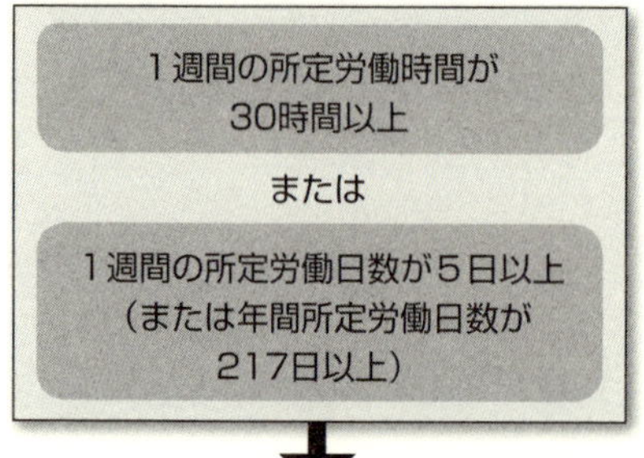

どちらか一つが当てはまれば、正社員と同じ年次有給休暇を付与する（前ページの表）。比例付与の対象ではない。

1週間の所定労働時間が
30時間未満

かつ

1週間の所定労働日数が4日以下
（または年間所定労働日数が
216日以下）

両方とも当てはまれば、下の表の年次有給休暇の比例付与の対象となる。

※ただし、年間所定労働日数が47日未満の場合は年次有給休暇を与えなくてもよい。

●比例付与日数 〈週所定労働時間が30時間未満〉

週所定労働日数	年間所定労働日数（週以外の期間によって労働日数が定められている場合）	勤続年数						
		6か月	1年6か月	2年6か月	3年6か月	4年6か月	5年6か月	6年6か月
4日	169～216日	7日	8日	9日	10日	12日	13日	15日
3日	121～168日	5日	6日	6日	8日	9日	10日	11日
2日	73～120日	3日	4日	4日	5日	6日	6日	7日
1日	48～72日	1日	2日	2日	2日	3日	3日	3日

●比例付与は契約変更日以降、新しい契約内容が反映される

例 Aさん　1日5時間・週4日勤務の契約で雇用。
2年目に1日7時間・週3日勤務に契約変更

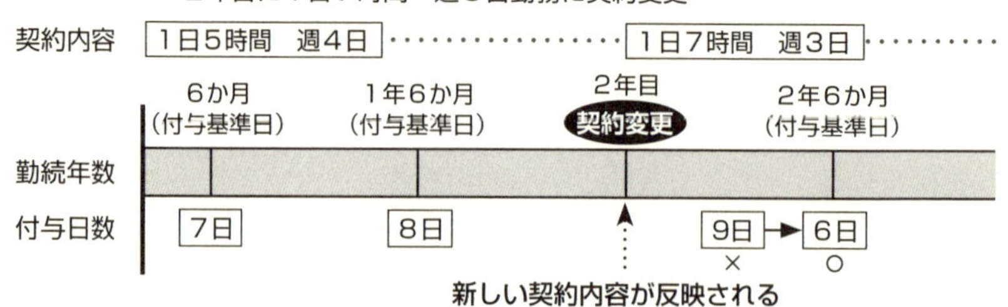

※例では、契約変更によって週の労働時間が20時間から21時間に増えるが、年次有給休暇の付与日数は減っていることに注意。比例付与の付与日数は、週所定労働日数または年所定労働日数に応じて決まる。

11 年次有給休暇③
計画的付与を有効に使う

■ 業務調整機能もあるので有効に活用しよう

年次有給休暇をとる日を会社が割り当てできる制度があります。これを**年次有給休暇の計画的付与**といいます。会社にとっては従業員の有給休暇日をあらかじめ指定することで、業務の調整が容易になるという利点があります。ただし、最低５日間は従業員が自由に使える有給休暇を残しておかなければなりません。

計画的付与を実施するには、就業規則に規定したうえで、労使協定を結ばなくてはなりません。労使協定書には、次の事項を記載します。

①計画的付与の対象者（会社全体、部門別など）
②付与日数と付与期間
③対象となる年次有給休暇がない者の取り扱い
④労使協議のうえ付与日の変更もあり得ること

なお、この労使協定は労働基準監督署に提出する必要はありません。

■ 消化率向上のために

年次有給休暇の取得の義務化を控える中、消化率向上のために夏季休暇やＧＷの中休み、年末年始休暇などに年次有給休暇の計画的付与を利用するのが一般的ですが、年間休日を増やす際にも活用してはいかがでしょうか。

毎週土日は休日になっているが、祝祭日は労働日としている会社で、今後祝祭日も休みにしようとしたときに、そのまま「休日」としてしまうと、年間の労働日数が少なくなり、結果として前述のように(84ページ参照）時間外労働の割増単価が増えることになります。そこで、祝祭日を労働日のままにしておき、計画的付与で年次有給休暇を充てることにするのです。このようにして、「休み」を増やすとともに、年次有給休暇の消化率も上げることができるのです。

●年次有給休暇の計画的付与の活用法

活用法その1

- 消化率アップ
- 業務の調整効率アップ

8月

日	月	火	水	木	金	土
			1	2	3	4
5	6	7	8	9	10	11
12	13	14	15	16	17	18
19	20	21	22	23	24	25
26	27	28	29	30	31	

夏季休暇、年末年始休暇などに、計画的付与の年次有給休暇を充てる

休日

有給休暇の計画的付与

労働日

活用法その2

- 時間外労働手当の単価は変わらない

従来労働日にしていた祝日や国民の休日を……

日	月	火	水	木	金	土
	1	2	3	4	5	6
7	8	9	10	11	12	13
14	15	16	17	18	19	20
21	22	23	24	25	26	27
28	29	30	31			

計画的付与の年次有給休暇に充てる

日	月	火	水	木	金	土
	1	2	3	4	5	6
7	8	9	10	11	12	13
14	15	16	17	18	19	20
21	22	23	24	25	26	27
28	29	30	31			

年間の所定休日は変わらないので、時間外労働の割増手当の単価も変わらない

計画年休の規定例

【計画年休】

第○条　労働基準法で定める労使協定を締結した場合、当該労使協定の定めるところにより、計画的に年次有給休暇を取得しなければなりません。

2．前項の協定が締結された場合、会社は年次有給休暇の請求の有無にかかわらず、当該協定の定めるところにより年次有給休暇（計画年休）の取得があったものとみなします。ただし、最低でも５日間は本人の意思で取得できるようにします。この５日間には前年度から繰り越し分も含めます。

3．新入社員等で年次有給休暇の日数が不足する者については、不足した日数を特別休暇とし、通常の賃金を支払うものとします。

4．次に掲げる社員については、計画年休に関する規程を適用しない場合があります。

⑴　計画年休の期間中に退職することが予定されている者

⑵　計画年休の期間の開始前に退職が予定されている者

⑶　この規則の定めにより、休職または休業中の者

⑷　その他、計画年休の規定を適用しないことが適当と思われる者

12 休業・時短制度

産前産後休業・育児休業・介護休業　など

■ 会社が認めなければならない法定休暇

年次有給休暇以外の法定休暇には、次のようなものがあります。母性保護、子育て支援、介護支援を目的としているもので、従業員が申し出た場合は休暇を認めなければなりません。休暇中無給とするか有給とするかは会社が決めることができます。

●法定休暇

休暇名	概要
産前産後休業	産前6週間(多胎児は14週間)、産後8週間の休業。産後6週間は請求の有無にかかわらず、必ず休業とする。
育児休業	1歳に達するまでの子の育児のために取得する休業。保育所に入れないなどの場合、最長2歳まで延長できる。
介護休業	家族の介護のために取得する休業。家族1人につき通算93日(最大3回まで分割可)まで取得できる。
子の看護休暇	未就学児の子の看護のための休暇。子1人で年5日まで、2人以上で10日まで、半日単位で取得できる。
介護休暇	要介護状態の家族の介護のための休暇。家族1人で年5日まで、2人以上で10日まで、半日単位で取得できる。
生理休暇	女性従業員が、生理日に著しく就業が困難なときに取得する休暇。

■ 中小企業も導入義務！　育児·介護を支援する制度

上記の休暇以外にも、妊娠・出産・育児・介護を支援する時短制度などがあります。従業員が申し出た場合には応じることができるように、就業規則で制度を整備しておきましょう。

(1)妊娠中・出産後の母性健康管理

妊娠中・出産後1年を経過しない女性従業員が、医師などの診査を受けるために、通院に必要な時間を確保することが義務付けられています。女性従業員から申し出があれば、拒むことはできません。

(2)育児のための短時間勤務制度等

３歳未満の子を養育する従業員が次のような措置を申し出た場合は、応じなければなりません。

①所定労働時間を６時間（５時間45分～６時間）に短縮する。

②所定労働時間を超えた労働（所定外労働）の免除

ただし、業務の性質や実施体制から、①②を行なうことが難しい場合は、

③育児休業に準ずる制度（例：子が３歳未満になるまでの育児休業）

④フレックスタイム制度

⑤始業・終業時間の繰り上げ・繰り下げ（時差出勤）

⑥保育施設の設置運営、そのほかこれに準ずる便宜の供与（例：社内保育所）

のいずれかの制度を導入しなければなりません。

(3)介護のための短時間勤務制度等

要介護状態にある対象家族を介護する従業員が申し出た場合は、次のいずれかの措置をとらなくてはなりません。

①１日、１週または１か月の所定労働時間を短縮する

②フレックスタイム制度

③始業・終業時刻の繰り上げ・繰り下げ（時差出勤）

④介護サービスを利用する場合、従業員が負担する費用の助成、そのほかこれに準ずる制度

これらの制度は、要介護状態にある対象家族１人につき、介護休業とは別に、利用開始の日から３年の間で２回までの範囲で利用できるようにしなければなりません。

13 特別休暇
慶弔休暇・出産休暇　など

■ 会社の裁量で取り決めができる

特別休暇は、会社が自由に定めることのできる休暇です。一般的には、結婚や忌引きのとき(慶弔休暇)を含みます。どういうものを特別休暇とするか、特別休暇は無給か有給かといったことは会社の裁量で決めてかまいません。

特別休暇については就業規則などで明確に定めておきましょう。次のことは決めておきます。

①**特別休暇の種類**　本人や子どもの結婚、妻の出産、親族の死亡など、特別休暇を取得できる事由を定めます。

②**特別休暇の日数**　取得できる日数を定めます。

③**休暇取得の手続き**　事前申請を原則とします。親族の葬儀など、やむを得ない場合は、事後速やかに届出てもらうようにします。

④**取得期間**　結婚して何か月も経ってから結婚休暇を付与する、といったことを避けるために、取得期間を設けます。

⑤**通常の休日と重複した場合の扱い**　特別休暇を連続して付与する場合、所定休日と重なることがあります。その場合、所定休日を特別休暇に含めるか、含めないかを定めます。

⑥**有給か無給か**　特別休暇中は賃金を支払うか、無給休暇とするのかを定めます。一般的には賃金を支払う有給の休暇とします。

これも覚えておこう

裁判員制度と休暇

裁判員制度とは、特定の刑事裁判において、有権者から事件ごとに選ばれた裁判員が裁判官とともに評議を行い、判決や量刑の決定を行う制度のことです。従業員が裁判員に選任されたら、会社は審理期間中の休暇を認めなければなりません。ただし、この休暇中は有給、無給どちらでも会社が任意に定めることができます。

特別休暇の規定例

【特別休暇】

第○条　次に該当する場合は、社員の請求により特別休暇を与えます。ただし、特別休暇期間中に会社が定める休日が存在する場合は、特別休暇日数に含むものとします。

(1)　結婚休暇：(有給)

本人 (ただし、従前の配偶者と再婚する場合は付与しません。)	5日

(2)　出産休暇：(有給)

配偶者	出産日を含め2日

(3)　忌引休暇：(有給)

父母・配偶者・子	葬儀日を含め3日
祖父母・兄弟姉妹	葬儀日を含め2日
義理の父母・同居の親族	葬儀日を含め1日

2．前項の特別休暇は、事前に所属長へ請求しなければなりません。ただし、やむを得ない事由がある場合は、事後すみやかに届出なければなりません。

3．特別休暇は、それぞれ次の各号に定める期間内に限り取得できます。当該期間を経過した場合、取得できません。

(1)　結婚休暇…結婚式当日または入籍日いずれか早い日から3か月間

(2)　出産休暇…出産日から2週間

(3)　忌引休暇…死亡日から1か月間

(4)　その他の休暇…会社が認めた期間

休暇の種類によって取得期間を設定する。

4．次に該当する日は原則労働日としますが、会社がカレンダーで指定した場合は、特別休暇を与えます。

(1)　国民の祝日に関する法律で定められた日：(有給)

(2)　夏季休暇：(有給)

(3)　年末年始休暇：(有給)

(4)　その他会社が指定した日：(有給)

5．次に該当する日は、会社が必要と判断した場合は、それぞれ会社が必要と認めた期間、特別休暇を与えます。

(1)　天災その他の災害にあったとき：(有給)
(2)　交通機関等の事故等、やむを得ない事情があると会社が認めるとき：(有給)
(3)　その他会社が特に必要と認めたとき：(有給)

6．特別休暇中の賃金は休暇事由ごとに定めます。

14 労使協定を結ぶときの注意点

代表者の選出方法・労働基準監督署への提出

■ 従業員側の代表者の選出方法に気をつける

36協定などの労使協定は、労使双方が合意した内容を書面で残すもので、事業場単位で締結します。

労使協定は、従業員の過半数が加入する労働組合があるときはその労働組合と会社との間で締結されます。そのような労働組合がないときは、従業員の過半数を代表する者と会社との間で締結されます。労使協定が締結されるまでの過程に不備があると、協定書の内容そのものが無効となってしまいます。

特に注意したいのは、従業員側の代表者の選出方法です。従業員側の代表者となる条件は、次の二点です。

①管理監督者の立場にないこと。

②代表者を決めることを明らかにしたうえで、代表者を投票や挙手など公正な手続きで選出すること。

以前、大手外食チェーン店において、36協定の締結手続きに不備があることが問題になりました。36協定の従業員側の代表者が、「店長がアルバイトの中から指名した者」だったとして、従業員の代表者の選出方法が適正ではないとみなされたのです。

■ おすすめ　メールによる代表者の選出方法

「そうは言っても、従業員が集まって協議するような時間はなかなかとれない」という声をよく聞くことがあります。そんな会社は、メールによる次のような方法を検討してみてはいかがでしょうか。投票や挙手と同様に公正な手続きと認められている選出方法です。

会社側は、まず全従業員への一斉メールで労使協定の代表者を決める旨を伝え、立候補者を募ります。名乗りを挙げてきた従業員がいれば、再び一斉メールで「○○さんが、代表者に立候補しました。反対の方は○月○日までにメールをしてください」と伝えます。これで相手からメールがなければ、消極的同意が成立したものとみなされます。

メールには、①過半数の従業員に代表者を決めることを明らかにしたこと、②従業員が立候補し、他の従業員からの同意を得て選出されたことなどの証拠も残ります。

■労使協定には届出義務のあるものとないものとがある

労使協定はその内容によって、労働基準監督署に届ける義務があるもの、条件によって届けなければならないもの、届けなくてよいものの三つに分かれます。例えば、36協定は、必ず届けなければならないものです。変形労働時間制のうち、1か月単位の変形労働時間制の労使協定は条件によっては届ける必要がありますし、1年単位の変形労働時間制は必ず届けなければなりません。

●届出義務のある労使協定・届出義務のない労使協定

○届出義務がある　×届出義務がない　△条件によって届出義務がある

労使協定の内容	届出義務
時間外労働・休日労働(36協定)	○
賃金控除	×
休憩の一斉付与の適用除外	×
1か月単位の変形労働時間制	△
1年単位の変形労働時間制	○
1週間単位の非定型的変形労働時間	○
フレックスタイム制	×
事業場外労働	△
専門業務型裁量労働制	○
年次有給休暇の計画的付与	×

代休と振替休日はどっちがトク？

Column

●代休と振替休日の違い

もともと休日だった日に労働させた場合、別の日に休みの日を与えることがあります。このとき、休みの日の与え方には二種類あります。一つは、休日労働をした後に、代わりに他の労働日に休ませる代休です。もう一つは、休日と労働日を前もって入れ替えておく振替休日です。混同されやすいのですが、「代休」と「振替休日」はまったく別の制度です。

振替休日を行なうには、

①あらかじめ就業規則に振替休日を行う旨を定める
②事前に振替休日を指定する(ただし、法定休日は確保する)
③振替休日を前日までに従業員に伝える

という要件があります。一方、代休の場合は、もう少し緩やかに運用できます。

●振替休日は本当にトクなの？

よく「振替休日は代休より割増賃金を低く抑えることができるのでトクだ」と言われます。ただし、それはもっぱら「休日と労働日を同一週内で入れ替える」場合に限られます。前述のように振替休日は要件も多いので、中小企業にとって使いやすい制度とはいえません。現実的に割増賃金を抑えたいなら、振替休日よりも「1か月単位の変形労働時間制」(93ページ)や「1年単位の変形労働時間制」(96ページ)の導入を検討することをおすすめします。

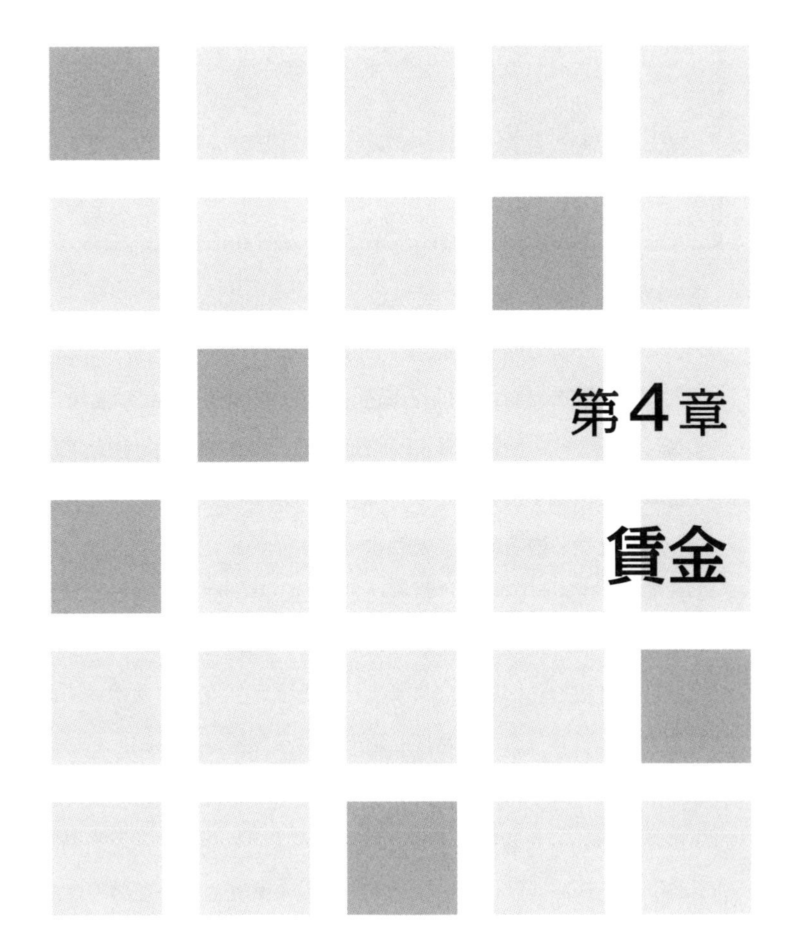

第4章

賃金

トラブル例①

社長、今まで営業手当を払っているから残業代はないと説明されてきましたけど、これって違法じゃないでしょうか。

それは君が入社したときから何度か説明しただろう。了解済みで入社したはずだぞ。何をいまさら！

でも、営業手当以上の時間外労働をしているんですから。未払い分を払ってくれないのなら、弁護士に相談しますよ。

◉残業代に関するよくある間違い・勘違い

残業代について、よく見られる間違い例を挙げましょう。

①入社時に「残業代は出ない」という雇用契約書を交わしているから支払わない。

②毎月の残業代の支払いは「上限５万円」「30時間分」と決めている。

③営業職で営業手当を支払っているから残業代は支払わなくてよい。

④年俸制だから残業代は支払わなくてよい。

①と② ➡ 法定労働時間を超過して働いた時間には割増賃金を支払わなければなりません。超過して働いた時間分の割増賃金が６万円だったら、その額面通りに支払わなければなりません。たとえお互いが雇用契約書で合意したものであっても、法律に違反した内容はその部分が無効となります。

③ ➡ 営業手当は営業職に外出の負担が多く、労働時間の把握が難しいことなどを考慮して支払われることが多いです。しかし、法定労働時間を超過して働いたら当然残業代は必要です。定額残業制では一定額の残業代を営業手当などに含ませることができますが、導入にはいくつかの要件をクリアしなければなりません。➡詳細は129ページへ

④ ➡ 年俸制は一種の成果主義で、残業代もすべて含まれていると誤解されていますが、やはり法定労働時間を超えて働いた分の残業代は支払わなければなりません。

1 給与規程の重要性
会社の経営実態にあった規程にするために

■ 就業規則に必ず盛り込む

賃金の支払方法、支払日など、賃金支払いのルールを定めたものを**給与規程（賃金規程）**といいます。賃金は、労働者にとって一番関心の高い労働条件であるだけに、トラブルも絶えません。そのため、就業規則には賃金に関する事項を盛り込むことが義務づけられています。

給与に関する規程の記載内容は法律で定められており、詳細にわたるので、就業規則とは別に作成してもかまいません。その場合も就業規則の一部として扱われますので、労働基準監督署への提出、従業員への周知義務などのルールは就業規則と同じです。

給与規程には、次ページの表のように必ず記載する項目があります。また、会社がその制度を導入している場合には必ず記載しなければならない項目もあります。

■ 給与規程を作成するときの注意点

よく見られるケースとして、給与規程のルールを細かく定めている会社があります。プロローグの就業規則を決める際の注意点でも説明したように、給与規程で詳細に決めると会社の身動きがとれなくなってしまいます。

賃金は、景気、企業の業績によって変動せざるを得ないことがあります。そのたびに、給与規程の内容を変更することは難しいですし、新たなトラブルの元にもなります。したがって、給与規程を作成する際は、業績がよいときにも、逆に業績がふるわないときにも柔軟に対応できるようなものにしましょう。また、「降給に関する規定」は、絶対的必要記載事項ではないので規定しなくてもよいのですが、規定がないと、万が一の際に降給ができなくなってしまうので、記載すべきです。

●給与規程で必ず記載する事項

会社で必ずルールを決めて、記載する事項です。

⑴　**賃金の決定および計算方法**

・**基本給、手当などの賃金の構成要素**

賃金を構成するものと、それを決定する際に何を考慮しているかを記載します。

・**賃金の計算方法**

時給制、日給月給制、月給日給制、年俸制など、実施している計算方法を記載します。

・**欠勤したときの扱い**

・**残業手当の計算方法**

・**非常時の賃金の支払い**

・**年次有給休暇、育児休暇などを取得した場合の扱い**

⑵　**賃金の支払方法**

賃金をどのように支払うかを記載します。賃金の支払いには5原則(117ページ参照)がありますが、本人の同意の上、本人が指定した本人名義の銀行口座にであれば、振込によって支払うこともできます。また、労使協定により給与から控除する項目を定めれば、親睦会費、旅行積立金などを控除することもできます。

⑶　**賃金の締切日と支払日**

賃金の毎月の締切日と支払日を記載します。

⑷　**昇給に関する事項**

昇給があるのか・ないのか、昇給する場合はどんなことを考慮して決めるのかなどを記載します。

●会社に制度がある場合に記載する事項

会社に制度がある場合にのみ記載する事項で、必ず記載しなければならないものではありません。

・**退職金に関する事項**

・**賞与など、臨時の賃金に関する事項**

・**給与から控除するものに関する事項**

・**最低賃金に関する事項**

・**その他、その事業所がすべての従業員に実施している事項(作業用品の支給など)**

2 賃金の基礎知識

賃金の定義・賃金支払い5原則・所定内給与と所定外給与

■ 賃金の定義

賃金とは、労働の対価として会社が従業員に支払うものです。会社が従業員に支払うものには、基本給、各種手当、賞与などいろいろありますが、「労働の対価として」「会社が従業員に支払う」という条件を満たせばすべて賃金になります。

賃金をどのように決定して支払うかは、原則として会社が自由に決めてかまいません。ただし、賃金支払い５原則、最低賃金などの法定のルールには従う必要があります。

■ 賃金支払い５原則

従業員の安定した生活などを考慮して、会社は従業員に次の５原則で賃金を支払うことが定められています。

①「通貨＝現金」で支払うこと

労働協約や本人の同意がある場合を除いて、現金で支払わなければなりません。本人の同意を得ていれば、銀行の本人名義の銀行口座に振り込むことができます（配偶者名義の口座への振り込みなどは違法です）。

②直接支払うこと

賃金は、従業員本人に直接支払います。

③全額を支払うこと

賃金は一度に全額を支払います。ただし、社会保険料や税金、労使協定で定めたものについては控除することが認められています。

④毎月１回以上支払うこと

賃金は、毎月１回以上支払います。年俸制の場合は、１年の賃金総額を最低12分割して月に１回以上支払うことになります。

⑤毎月一定の期日に支払うこと

賃金は、毎月の支給日を特定して支払います。

■所定内給与と所定外給与

賃金は、大きく**所定内給与**、**所定外給与**、**臨時の給与**の三つに分かれます。

①**所定内給与**　毎月支払われる給与のうち、「通常の労働(＝**所定労働時間**)の対価として支払われる給与」のことです。所定内給与は、時間外労働の単価を計算するときに基礎となる賃金でもあります。

②**所定外給与**　時間外手当や休日手当など、所定労働時間を超えた労働に対して支払われる賃金および、住宅手当、家族手当など割増賃金の単価に含まれない賃金のことです。

③**臨時の給与**　賞与などのことを指します。

ただし、所定内給与、所定外給与の区別は、給与や手当の名称ではなく、その実態で決まることに注意してください。

●所定内給与・所定外給与の区別は実態に応じて決まる

所定内給与	所定外給与
通常の労働(＝所定労働時間)の対価として支払われる給与	所定労働時間を超えた労働、休日労働などに対して支払われる給与
基本給 など	時間外手当・休日手当 家族手当・住宅手当 など

これも覚えておこう

給与の支払日

賃金の支払日は、一般的に支給日が銀行休業日のときはその前営業日にされています。翌日でも法律的には問題ないのですが、支給日が「毎月末日」である場合、支給日が翌月になって「月１回以上支払う」という原則から外れてしまうことがありますので注意が必要です。

3 基本給の基礎知識

基本給の定義・形態・決定方法

■最低限の固定給を約束するもの

基本給とは、毎月支払われる給与のうち、時間外手当、役職手当、通勤手当などの各種手当を除いたもので、会社が従業員に「最低でも、月々この金額は支給しますよ」と約束した固定的な賃金です。基本給は、一般的にその人の年齢、職務内容、職務能力、業績、経験年数などの要素を考慮して決定されます。どのような要素をどのように組み合わせて基本給を決定するかは、会社の裁量に任せられます。

大企業では独自に定めた基本給表をもとに、「1等級上がると5,000円加算」などというように決めているところもあるようです。ただし、中小企業にはこのような決定の方法はなじまないかもしれません。中小企業では、社長が自ら机に向かい、「あいつ、まだ若いのにがんばってるなあ」「あいつはここ数年勤務態度が悪いなあ」などと、従業員ひとり一人に思いを巡らせながら基本給を見直しているようなところも多いのではないでしょうか。

基本給に人情が加味されるのは、ある意味その会社の個性です。無理に基本給の決定要素を数値化したり、事細かに決めたりする必要はありません。基本給の説明は次ページの規定例のように最小限度にして、社長の「思い」を入れられるようなものにしてもいいでしょう。

基本給の規定は最小限にしたほうが、社長の思いや社風にあったものにしやすい。

■ 基本給の形態

基本給の形態には、主に次のようなものがあります。

①時給制

1時間単位で給与額を決めるものです。支払いは、毎月1回以上まとめて支払います。

②日給月給制

1日単位で給与額を定め、その賃金は毎月1回まとめて支払うものです。給与計算期間の賃金は出勤日数に応じて決まります。

③月給日給制

1か月単位で給与額を決めるものです。給与計算期間中の欠勤、遅刻、早退などの不就労時間は、ノーワーク・ノーペイの原則にしたがって賃金を控除します。

④月給制(完全月給制)

1か月単位で給与額が固定されているものです。給与計算期間に欠勤、遅刻、早退などがあっても賃金は差し引かれません。重要な職責を負う管理職などに適用されることが多いです。

⑤年俸制

年単位で給与額を決めます。「賃金は少なくとも月に1回支払う」という賃金支払いの原則(詳細は117ページ)に従って、例えば1年の給与を12か月分で割った金額を毎月支払います。

基本給の規定例

【基本給】

第○条　基本給は、個人別に月給日給、日給月給、時間給の形態で支給します。

2．基本給は年齢、勤続年数、経験、勤務能力、勤務態度などを考慮し、個別に決定します。

【人事異動に伴う変更】

第○条　社員が、人事異動等により、職務の変更があった場合には、職務の変更に伴い基本給額を変更(昇給または降給)することがあります。

実施している計算方法を記載する。

どんな場合に基本給の変更があるかを記載する。

手当の基礎知識

手当の種類

手当は目的に応じて決める

毎月固定的に支払う賃金には、基本給のほかに各種**手当**があります。

手当には、家族を扶養している場合に支給する**家族手当**、住宅費の補助として支給する**住宅手当**などの福利厚生的なものや、役職者に支給する**役職手当**、営業職に支給する**営業手当**などの職務・職能的なものなどがあります。また、所定労働時間を超えた分などに対して支払う**残業手当**も手当の一つです。

いずれにしても、法律では割増賃金以外については特に決まりを設けていませんので、どんな手当を支給するかは会社が決めてかまいません。どのように設定したらいいかについては次項で説明しましょう。

これも覚えておこう

通勤手当は台所事情に合わせて上限を決める

手当の支給方法で、よく問題になるのが通勤手当です。

通勤手当は公共交通機関を利用する場合15万円までは非課税となっていることから、あまり深く考えずに「非課税限度額」までを支給の上限に設定している会社があるようです。しかしその場合、仮に従業員が新幹線でしか通えないような遠くへ引っ越して「通勤手当を15万円払ってください」と要求してきたら、会社は断ることができません。なぜなら給与規程に「『非課税限度額』まで支給する」と書いてしまっているからです。

そもそも通勤手当は、法律上、支払う義務はありません。したがって、会社の台所事情に合わせて支払の有無と上限を決めておくのが賢い方法です。

もし通勤手当の上限を超えてでも雇い入れたい従業員がいれば、その従業員とは個別の雇用契約書で通勤手当の支給額を決めればよいのです。給与規程では、どの従業員にでも適用できる最低限度の条件を規定しておきましょう。

5 基本給と手当を見直す

経営状況・経営環境に合った柔軟な給与体系に

■ 基本給は上げなくてはならないのか？

日本の会社の賃金制度では、年齢や勤続年数、能力などに応じて基本給を上げていくのが一般的です。ただし、「基本給は年齢や勤続年数に応じて上げていくものだ」「いい会社は、基本給を上げるものだ」という考え方にしばられて、なんとなくそうしている会社も多いようです。

確かに、物価が上昇し、好景気の波に乗って業績が右肩上がりだった頃は、年功序列型の賃金体系でもまだ余裕があったかもしれません。しかし、厳しい競争環境のなか、すべての会社が必ずしも大きな経済成長を見込めなくなった今、従業員の基本給を上げ続ける体力があるとは限らないでしょう。

基本給が上がると、一時は従業員も安心するでしょう。でも、いったん上げた基本給を下げるのは容易ではありません。そのために、残業代を払えなくなったり、設備投資を後回しにしたりして、結果的に会社の経営が危うくなれば元も子もありません。会社を存続させ、従業員を雇い続けるために、給与体系を大きく見直すことも考えたいものです。

●基本給と手当の性質と給与体系の見直し

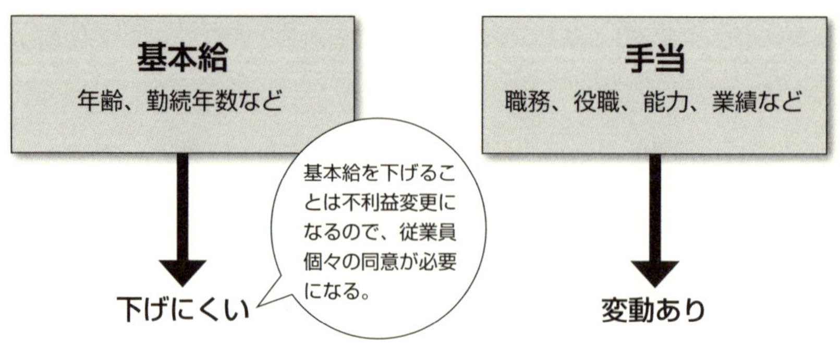

手当の支給要件を明確に定義することで、経営状況・経営環境に合わせた給与額に変えることができる。

■ 手当をもっと活用しよう

柔軟な給与体系にするために、手当を有効に使いましょう。手当は、基本給よりも調整が容易です。前の項目で説明したように、手当には福利厚生を目的としたものや、従業員の能力や職務に応じて支払うものがありますが、福利厚生を目的とした生活保証型を年々手厚くしていくのではなく、従業員のモチベーションを引き出すための手当を積極的に活用していきましょう。

また、社内を活気づかせるために、会社独自の手当を作ってもいいでしょう。ある会社では、業績手当と称して、「会社の収益が上がったら、従業員全体に一律に手当を支給する」と規定しました。逆に収益が上がらなければ手当は支給されません。この単純でわかりやすい手当は従業員たちの士気を高め、何か月も連続で手当を支給できたということです。

このように、手当は目的と効果をよく考えて支給することが大切です。大企業や他社の規程をそのまま使うのではなく、会社の実態に合った独自の手当を支給しましょう。

●時代に合った給与体系に

以前の給与体系は…

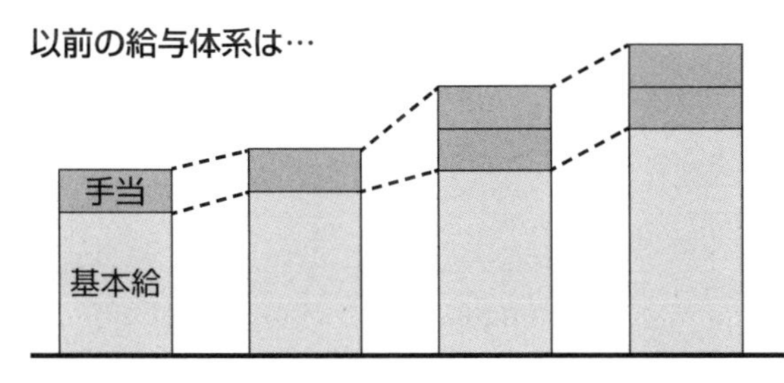

基本給が上がり続け、諸手当も家族状況や昇給状況によって上乗せ。生活保証を重視。

現在は…

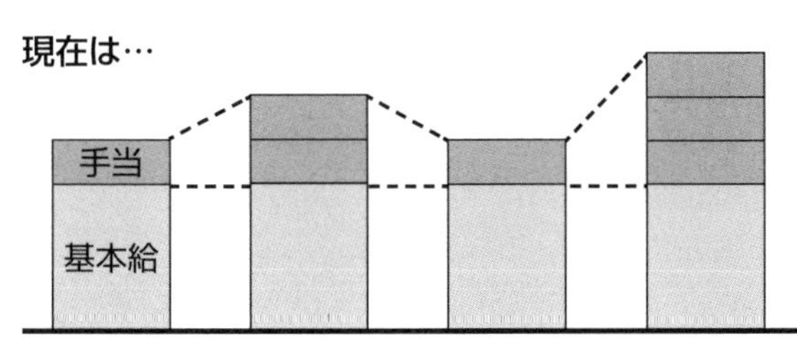

生活を保証する最低限の基本給。手当は、個人や会社全体のモチベーションを高めるために、業績・役職・能力などに応じて調整する。

6 割増賃金①

割増賃金の割増率

■ 割増賃金の割増率

時間外労働や休日労働、深夜労働については、３章ですでに説明しました(詳細は85ページ)。法定労働時間を超えた残業(時間外労働)、法定休日の労働(休日労働)、深夜の労働(深夜労働)に対して支払われる**残業代**(**割増賃金**)は、一般的には**時間外手当**、**休日手当**、**深夜手当**と記載されます。これらは通常の賃金よりも割り増しして支払わなくてはいけません。会社はその割り増しする**割増率**を独自に定めることができますが、次の**法定割増率**を下回ってはいけません。

●割増賃金の法定割増率

<table>
<tr><th colspan="2">労働の種類</th><th colspan="2">割増率</th></tr>
<tr><td rowspan="2">時間外労働</td><td rowspan="2">原則として１日８時間、週40時間の法定労働時間を超える労働時間</td><td>時間外労働が月60時間まで</td><td>25%以上</td></tr>
<tr><td>時間外労働が月60時間超</td><td>50%以上
(＊注意)</td></tr>
<tr><td>休日労働</td><td>法定休日に労働する時間</td><td colspan="2">35%以上</td></tr>
<tr><td>深夜労働</td><td>深夜(午後10時～午前５時)に労働する時間</td><td colspan="2">25%以上</td></tr>
<tr><td>時間外労働
＋
深夜労働</td><td>時間外労働が深夜(午後10時～午前５時)に及ぶ場合</td><td colspan="2">時間外労働の割増率(25%)＋深夜労働の割増率(25%)＝50%以上</td></tr>
<tr><td>休日労働
＋
深夜労働</td><td>休日労働が深夜(午後10時～午前５時)に及ぶ場合</td><td colspan="2">休日労働の割増率(35%)＋深夜労働の割増率(25%)＝60%以上</td></tr>
</table>

＊注意　現在(2018年)、中小企業には適用が猶予されています。

これも覚えておこう

所定外労働

法定労働時間以内で所定労働時間を超えた労働時間を所定外労働といいます。例えば、1日の所定労働時間が7時間の会社では、7時間を超えて法定労働時間の8時間までが所定外労働となります。所定外労働では、もちろん労働時間分の賃金は発生しますが、割増をする必要はありません。

時間外労働の割増賃金の規定例

【法定割増手当】

第○条　法定割増手当は、法定外の労働時間、法に定める深夜時間に勤務すること、あるいは法定休日に就業することを命じられ、または承認を得て、その勤務に服した社員に支給します。

２．前項の手当の計算式を次のように定めます。

(基本給＋所定内手当) ÷月平均所定労働時間
×支給率×法定割増分の労働時間数……

割増賃金の計算方法については126ページ参照。

３．前項の数式において次のとおり定めます。

(1) 月平均所定労働時間とは、1年間の総所定労働時間を12で除した時間とします。

(2) 支給率は次のとおりとします。

イ．時間外割増------------------------ 125%
ロ．深夜割増-------------------------- 25%(上乗せ分のみ)
ハ．休日割増-------------------------- 135%

(3) 法定割増分の労働時間とは、就業規則に定める手続きを経て承認を得た法定外労働時間、深夜時間および休日労働時間のみをいいます。

7 割増賃金②

割増賃金の計算方法

■ 割増賃金計算の対象となる賃金とは

残業代の計算方法は、まず、毎月の賃金を**1か月平均の所定労働時間**で割り算します。これで労働時間1時間当たりの単価(以下、時間単価)が計算できます。この時間単価に、残業の種類によって決められた支給率(前項参照)を掛け算すると1時間当たりの残業代が分かります。これに残業時間数を掛ければよいのです。

なお、時間単価の分子となる賃金の種類は、原則として基本給や諸手当すべてを含みますが、個々の事情に応じて金額が変わる手当など、限られた手当のみ除外できると定められています。これには通勤手当、住宅手当、家族手当、賞与などが該当します。ただし、除外される手当は名称ではなく実態で決まることに注意しましょう。例えば、住宅手当という名称であっても、従業員に一律同額で支給している場合は除外できません。また、上記のような名称がついていない手当(例　特別手当)などであっても扶養家族の数によって手当の額が変わる場合は除外できます。

●残業代の求め方

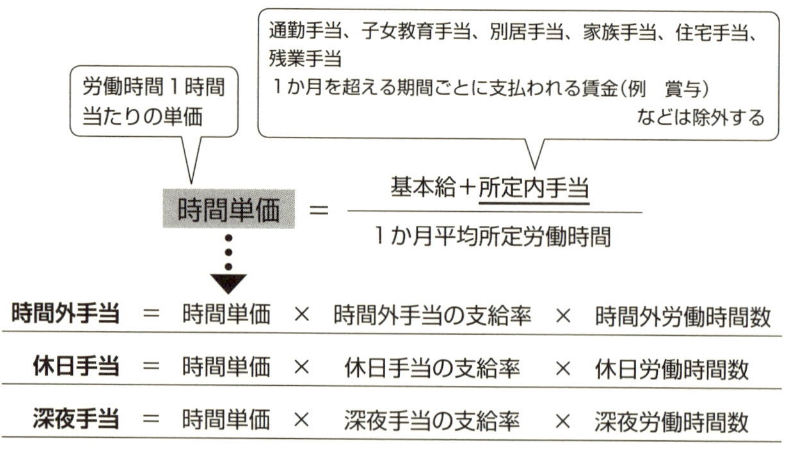

■ 月平均所定労働時間を算出する

時間単価の分母となる1か月平均所定労働時間は、1年間の総所定労働時間を12か月で割ったものです。1か月の日数は、28日(29日)、30日、31日と月によって変動しますから、所定労働時間も月によって変わることがあります。そのため、1か月平均所定労働時間を用いるのです。

1年間の総所定労働時間は年間の労働日数に所定労働時間(79ページ参照)を掛けたものです。また、**年間の労働日数**は365日(366日)から所定休日(83ページ参照)を除いた日数です。

●月平均所定労働時間の求め方

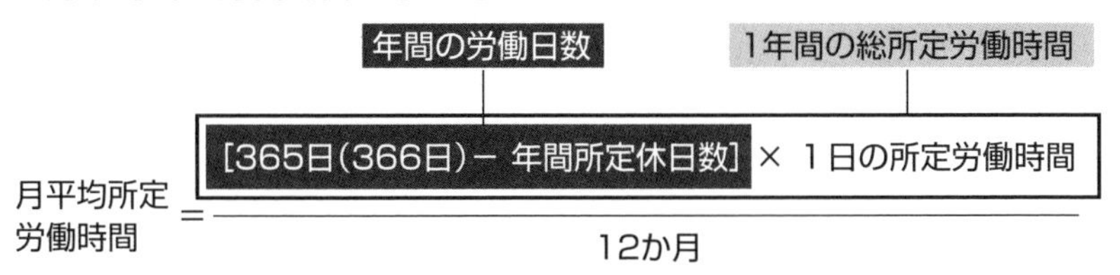

■ 所定休日で時間外労働手当の単価が変わる

これらの計算式を見ると、残業代計算の基礎となる時間単価が、所定休日の日数によって変わっていることがわかるでしょう。3章(83〜84ページ参照)でも説明したとおり、所定休日を増やすと残業代の単価が上がります。では所定休日の違いが、実際どれくらい影響するのか、次のページの例で確認してみましょう。

所定休日を少なくすれば残業代単価が変わる。ただし、見直す際は時間単価が最低賃金を下回らないように注意しよう。

●所定休日数の違いで残業代がどのくらい変わるか

ケース①とケース②　共通の条件
１年365日　休みの日数125日
所定労働時間8時間・月の時間外労働が40時間

ケース① すべての休みが所定休日の場合

所定休日が年間125日
（土日・祝日・国民の休日・夏期休暇（３日）・年末年始（２日）の計125日）

$$月平均所定労働時間 = \frac{(365日-125日)\times 8時間}{12か月} = 160時間$$

$$残業代単価（時間外労働手当） = \frac{300{,}000円}{160時間}\times 1.25 = 2{,}343.75\cdots \fallingdotseq 2{,}344円$$

①

残業代＝2,344円×40時間＝93,760円

ケース② 所定休日と休暇の場合

所定休日が年間105日
（土日の計105日）
その他、特別休暇、有給休暇の計画的付与で20日の休暇を確保
→休日と休暇の合計　　125日

$$月平均所定労働時間 = \frac{(365日-105日)\times 8時間}{12か月} = 173.33時間$$

$$残業代単価（時間外労働手当） = \frac{300{,}000円}{173.33時間}\times 1.25 = 2{,}163.50\cdots \fallingdotseq 2{,}164円$$

②

残業代＝2,164円×40時間＝86,560円

①と②の残業代の差額
１か月に7,200円、１年間で86,400円。

8 定額残業制の注意点

定額残業制の制度設計と運用

■ 残業代問題　中小企業にジレンマ

これまで説明してきたように、残業には割増賃金を支払うことが義務づけられています。しかし、サービス残業という名のもとに、中小企業を中心に未払い残業代の問題は、ますます増えているといえるでしょう。

中小企業の多くは、従業員にある程度残業してもらわなければ利益が上がらず、かといって、払える賃金には限度があるといったジレンマを感じています。また昨今では「働き方改革」により、労働時間短縮が求められる中、それとは逆行するように長時間残業をすることで残業代を稼ぐ、いわゆる「生活残業」という問題も抱えています。

■ 残業代対策として普及する定額残業制

残業代問題への対策のひとつとして**定額残業制**という仕組みがあります。定額残業制とは、定額の残業代を毎月の給与にあらかじめ組み込んで支給するもので、導入している企業が増えてきています。一定時間分までは固定給となるため、過大な残業代の支払を抑える効果があり、従業員側からも、実際に残業をしなくても、一定時間分の残業代が支払われるため、「生活残業」の問題が軽減でき、かつ、効率的に業務を遂行し残業を減らしても、一定の賃金が保障されるため、労働時間短縮の一助にもなります。しかし、導入している会社が増えていることを背景に、争いになることも増え、導入のするためにはいろいろな条件が課されています。

■ 定額残業制は自己流で行うとトラブルに

定額残業制は、残業代というデリケートな部分に関係するだけに、制度設計や運用を厳しく行う必要があります。事実、定額残業制を自己流で導入したために後々トラブルになり、裁判で違法と判断されて、かえって会社が多大な損害を被ったという例も少なくありません。

導入にあたっては、慎重に検討し、少なくとも次のような制度上・運用上のルールを遵守しなければなりません。

【条件1】雇用契約書・就業規則等に記載がある。

まず形式が整っていることが重要です。就業規則や給与規程には、残業代を定額で支給することを明記します。また、基本給減額などの労働条件の不利益変更は、従業員からの同意が必要になります。従業員からの同意は必ず書面を作成して、署名捺印をし、同意を取り付けましょう。

就業規則や給与規程に記載されていない、または従業員には口頭の確認で済ませて同意書を取らなかったという場合、そもそも制度を導入したと認められないことがありますので注意が必要です。

従業員から同意を取り付ける具体的な手順は、次の項目で説明します。

【条件2】固定残業代にあたる賃金がそうでない賃金と区分されている。

固定残業代にあたる賃金は、残業代(時間外労働、深夜労働、休日労働に支給する賃金)に関係したものであり、通常の労働時間に対して支給する賃金とは明確に区分されていなければなりません。

例えば、「固定時間外手当」「固定深夜手当」「固定休日手当」のように、名前だけで固定残業代だとわかる手当を設けることです。手当の額と、相当する残業時間数も雇用契約書に明記します。基本給に組み入れられているときは、このような変更を行います。

なお、他の手当に組み入れるときも、できれば固定残業代だとわかる手当名に変更します。名称の変更をしない場合でも、その手当のどれくらいの部分が固定残業代なのか、つまり残業代にあたる部分の額と相当する時間数を雇用契約書に明記することが必要です。このとき、時間外労働・深夜労働・休日労働は区別します。「時間外・深夜・休日労働の合計で◯◯円、◇◇時間分」などと包括して記載することはできません。

手当の性質が変わるのですから、就業規則にも手当の説明を変更することを忘れないでください。ただ、労働時間との関連性が薄い手当に固定残業代を組み入れることは難しいといわれています。成績や出来高などに応じて支払われる歩合給などがそれにあたるので、注意してください。

●雇用契約書記載例

手当：次に定める手当を支給します。
　固定時間外手当　○○○円(◇◇時間分)
　固定深夜手当　　○○○円(◇◇時間分)
　固定休日手当　　○○○円(◇◇時間分)
固定時間外手当、固定深夜手当、固定休日手当は法定割増賃金として支給する手当です。

【条件3】従業員の労働時間管理を行ない、実際の残業時間を把握している。

定額残業制を取り入れたからといって、労働時間の管理を怠ってはいけません。労働時間の管理は通常どおりに行ない、残業時間も時間外労働・深夜労働・休日労働を区別して、実際はそれぞれ何時間行ったかを把握しておきます。

【条件4】実際の残業代が固定残業代の額を上回る場合は、その差額を支払う旨を規定する。

従業員が実際に行った時間外労働・深夜労働・休日労働のそれぞれに対して支払うべき割増賃金を計算し、その金額がそれぞれの固定残業代を上回る場合はその差額を支払います。

●定額残業制の導入フロー

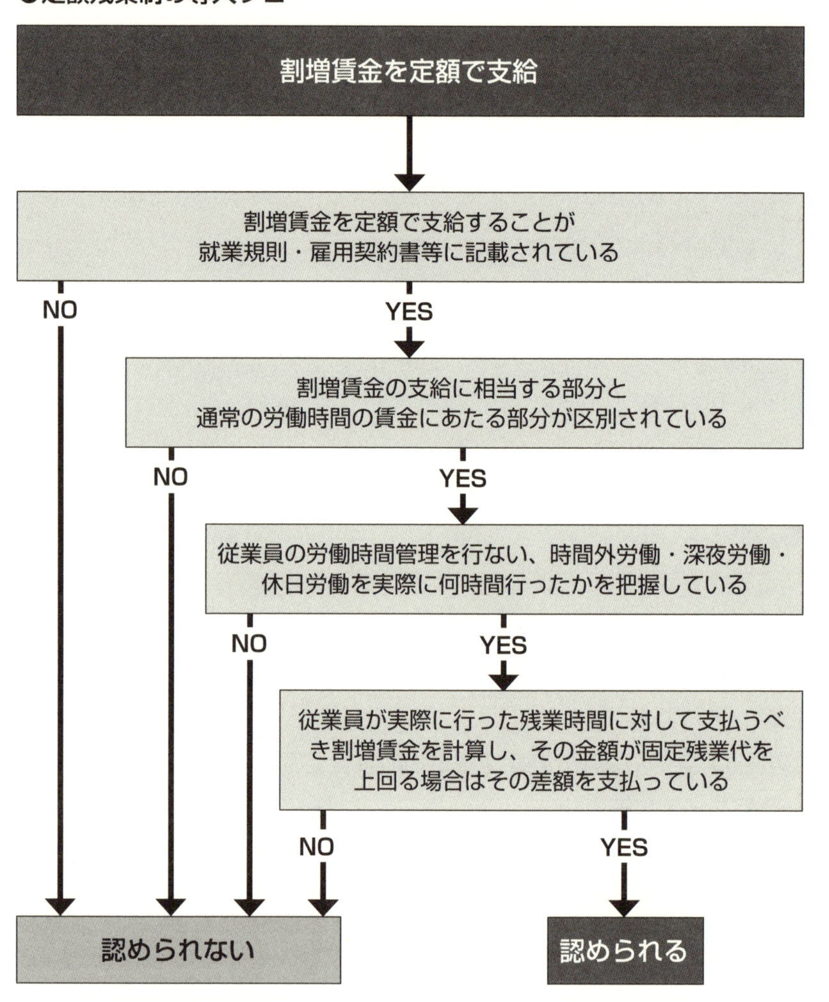

これも覚えておこう

残業時間、最長どのくらいまで設定できる？

固定残業代に含まれる残業時間の設定は、あまりに長いと長時間労働を助長しているとみなされて、否定される可能性があります。36協定の１か月の限度時間の上限である45時間までとするのが妥当なところでしょう。

また、基本給などの所定内給与が最低賃金を下回らないように、固定残業代と残業時間を設定しましょう。

定額残業制の規定例

【固定時間外手当】

第○条　固定時間外手当とは、あらかじめ時間外労働が見込まれる者に対して、時間外割増賃金として支給する手当です。

２．手当の金額は個別に定めます。

【固定深夜手当】

第○条　固定深夜手当とは、あらかじめ深夜労働が見込まれる者に対して、深夜割増賃金として支給する手当です。

２．手当の金額は個別に定めます。

【固定休日手当】

第○条　固定休日手当とは、あらかじ休日労働が見込まれる者に対して、休日割増賃金として支給する手当です。

２．手当の金額は個別に定めます。

【定額割増手当】

第○条　固定時間外手当は、時間外割増賃金として支給する手当です。手当の金額は各々個別に定めます。

２．固定深夜手当は、深夜割増賃金として支給する手当です。手当の金額は各々個別に定めます。

３．固定休日手当は、休日割増賃金として支給する手当です。手当の金額は各々個別に定めます。

４．支給した固定時間外手当額、固定深夜手当額または固定休日手当が一給与計算期間内の法定割増の額に不足する場合、その不足額を支給します。

５．支給した固定時間外手当額、固定深夜手当額または固定休日手当が一給与計算期間内の法定割増の額を超過する場合であっても支給した固定時間外手当額、固定深夜手当額または固定休日手当は減額しません。

9 昇給・降給

定期昇給を見直し、降給の可能性を示す

■ 昇給と降給は一緒に　定期昇給も見直しを

給与規程に必ず記載しなければならない事項に、**昇給**に関する事項があります。しかし、**降給**に関する事項は必ず記載しなければならない事項ではないため、規定がない会社もあります。

今は景気がよくても、将来にわたって保証することは難しいでしょう。ですから、昇給に関する事項を定めるのと同時に、降給に関する事項についても必ず記載するべきです。

また、毎年一定の時期に年齢や勤続年数などで賃金をアップしていくことを**定期昇給**といいます。就業規則で定期昇給を定めているけれど、実際は定期昇給を行っていないというような会社は、就業規則を早急に変更したほうがいいでしょう。

■ 降給理由には合理性をもたせる

降給は従業員にとっては不利益なことです。降給を行なう可能性があることを就業規則に記載するときは、どのような場合に降給を行なうかもきっちり規定しておきましょう。職務能力、勤務態度などの人事評価、会社の業績などと連動した合理的な理由のある降給であることを示しておきます。

これも覚えておこう

不利益変更を勝手に決めることの危険性

労働条件の不利益な変更をする場合、従業員個々もしくは労働組合の同意を得なければなりません。同意なく勝手に変更してしまうと、よほど合理的な理由がない限り、裁判になったらその制度は無効とされてしまいます。そうなると、もし労働時間や休日、賃金を変更していた場合、変更前の制度に基づいて計算し直し、差額分を支払うことになります。

昇給・降給の規定例

> 定期昇給を実施しないことを明記してもよい。

【給与の改定時期】

第○条　定期昇給は実施しません。

2．社員の給与の改定は、会社業績、世間動向、年齢、勤務年数、経験、勤務能力、勤務態度を勘案して必要に応じて実施します。

> 「昇給」ではなく、降給も含めた「給与の改定」にする。

3．会社の経営状況や経営環境が変動した場合等には、臨時に降給改定をおこなうことがあります。

【昇給】

第○条　月例給与の昇給は、次の場合におこないます。

⑴　人事評価の結果において会社が定める一定水準以上のとき

⑵　昇格したとき

⑶　新規採用後の者で採用後の人事評価により、採用時の給与を修正する必要があると認めたとき

⑷　その他、勤務態度や能力、会社業績等を考慮し、昇給に値すると会社が判断したとき

2．前項にかかわらず、次の者については昇給しません。

⑴　１か年につき欠勤30日を超えた者

⑵　昇給時期において休職中の者

⑶　上記の者にあっても会社が必要と認めた場合は、昇給させることがあります。

【降給】

> 昇給の可能性を定めるときは、降給の可能性についても定める。

第○条　所定内給与および所定外給与の降給は、各人ごとにおこないます。

⑴　人事評価の結果において会社が定める一定水準以下のとき

⑵　降格したとき

⑶　新規採用後の者で採用後の人事考課により、採用時の等級ないし給与を修正する必要があると会社が判断したとき

⑷　その他、勤務態度や能力、会社業績等を考慮し、降給に値すると会社が判断したとき

10 賞与に関する規定
運用しやすい柔軟性のある規定に

■ 会社の現状に合わせて書き換えを

賞与は、毎月支払う給与とは違って支給するかどうかは会社が自由に決めることができます。ただし、就業規則に明示されていたり、賞与の支払いが慣例となっていたりする場合は支払いの義務が生じます。

賞与を支払っている会社では、夏と冬の年２回、賞与を支払うのが一般的です。しかし、就業規則に「賞与は毎年○月と、○月に支給する」と明記しているにもかかわらず、賞与を支払っていない場合は、トラブルの元になるので、会社の現状を踏まえた就業規則の改定をおすすめします。

■ 就業規則に賞与を明記するときのポイント

就業規則に賞与の支給を記載するときは、次の点に注意します。

①支給対象者を明確にする

支給対象者は、会社が自由に決めてかまいません。勤続年数の浅い従業員や、支給日にすでに退職している従業員には支給しないといった規定もできます。その場合は、「勤続６か月に満たない者は除く」「当該支給日に在籍する者に限る」といった要件を必ず記載します。そうでないと、入ったばかりの社員や、退職者から支払いを求められることがあります。

②支給しない可能性を記載する

賞与は本来、会社の業績が上がっているときに、報奨金のような位置づけで支給するものです。会社の業績が落ち込んでいるときは支給しなくてもよいように、あるいは従業員個別に支給の有無を決定できるような規定にしましょう。

ですから、賞与を支給しないこともある旨を明記しておくことが必要です。会社業績に加えて、従業員の成績などによって個々に大きく違ってくる場合は、「個別に決定する」といった一文を加えるとよいでしょう。

③あまりがちがちに決めすぎない

就業規則などで、「賞与は年２回、夏季○月と冬季○月に支給する」「賞与の算定期間は、夏季賞与は前年○月から当年○月まで、冬季賞与は○月から○月まで」などと、支給時期や算定対象期間などをきっちり決めているものを見かけます。しかし、中小企業でこのような細かい規定にすると、かえって柔軟な対応ができなくなってしまいます。

もともと賞与は、払うか払わないか、どのように払うかなどを会社が自由に決めてよい制度です。下に示した規定例は拍子抜けするほど簡潔ですが、このくらいの記載にとどめたほうが、会社側の融通がきいて便利です。

賞与の規定は簡略に。支給時期や算定対象期間などは規程に盛り込まないほうがよい。

賞与の規定例

会社の業績や従業員の評価次第で賞与を支給しない可能性を簡潔に盛り込む。

【賞与】

第○条　賞与は会社業績に応じ、社員の勤務成績、能力評価など総合的に勘案し、支給の有無、金額を個別に決定します。

【賞与の受給資格等】

第○条　賞与の受給資格者は、当該支給日に在籍する者とします。ただし、勤続６か月に満たない者は除きます。

自己都合による不就労分の賃金の扱いは？

Column

●ノーワーク・ノーペイの原則とは

会社は、従業員が労働をしなかった（労務の提供がなかった）日や時間に相当する賃金を支払わなくてもよいことになっています。これを**ノーワーク・ノーペイ**の原則といいます。

したがって、従業員が自分の都合で欠勤や遅刻・早退などをした場合、その分の日数や時間数を賃金の計算対象から除外することができます。

●不就労分の賃金を除外する方法

賃金の計算対象から除外する方法は、基本給の形態（詳細は119ページ）によって異なります。月給日給制では、労働しなかった時間分または日数分に相当する賃金額（控除額）を、月額の賃金（基本給＋各種手当）から控除します。

時給制や日給月給制では、労働した時間分または日数分の賃金を計算して支払います。

年俸制では、会社の裁量でノーワーク・ノーペイの原則を適用するかどうかを決めることができます。適用する場合は、あらかじめ就業規則または個別の雇用契約書に欠勤控除や遅刻・早退控除をする旨を記載し、さらに、控除の対象とする賃金の範囲は月々に支払う分なのか、それとも年俸の総額とするのかも明確にしておく必要があります。

ノーワーク・ノーペイの原則が適用されないのは月給制（完全月給制）です。完全月給制では、欠勤、遅刻、早退などの不就労があってもその分の賃金はカットできないことになっています。

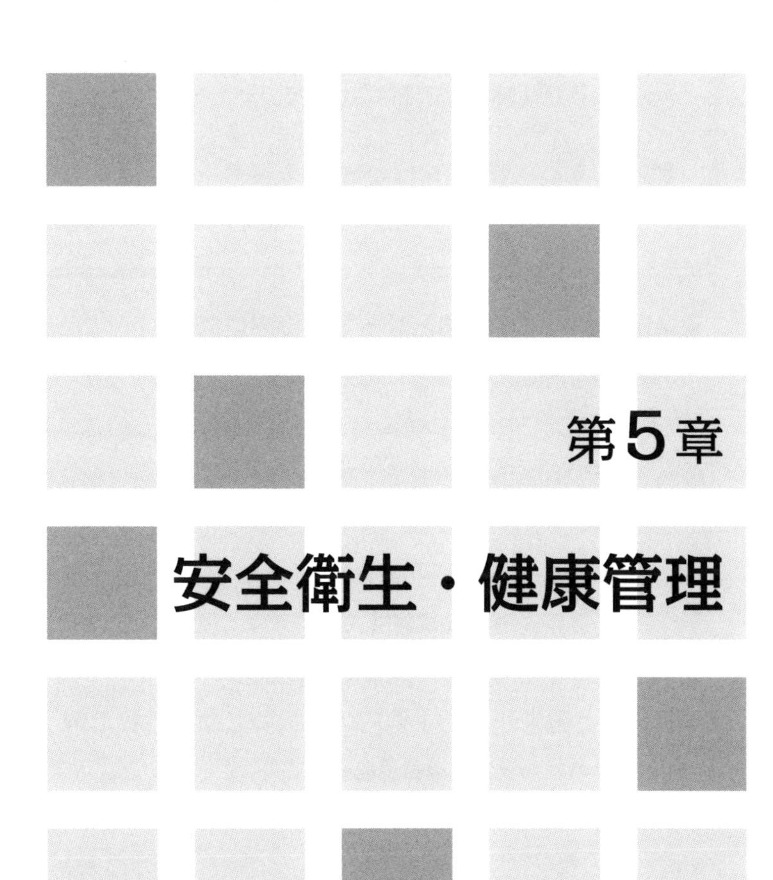

第5章

安全衛生・健康管理

トラブル例①

脳内出血で倒れた営業課のAの家族が「過重労働による会社の安全配慮義務違反だ」として、労災認定を求めてきました。

仮に労災と認められても労災保険から治療費が支払われるし、会社が補償する必要はないはずだ。

しかし、慰謝料と逸失利益も請求してきました。合わせて5,000万円です！

◉過重労働などが起因となって労災認定に

労働者災害補償保険、いわゆる**労災保険**は、通勤中や業務中の災害による病気やケガ、死亡に対して補償が行なわれる保険だということはご存知でしょう。過重労働などが主な原因となった脳・心臓疾患やメンタルヘルス不調も労災保険の対象として認定されることがあります。

労災と認定された場合、医療費の支払いは労災から全額支給されますし、欠勤中の所得補償（**休業補償給付**）もあります。原則として会社側が補償することはありません。➡詳細は146・148ページへ

◉慰謝料と逸失利益で１億円の支払いを命じられた例

ただし、会社が**安全配慮義務**を怠って労災が起きたというような場合は、従業員やその家族（遺族）から事故や病気による精神的苦痛を被ったとして慰謝料を請求されることがあります。さらに従業員が重度の後遺障害を負った場合、または万が一死亡した場合は、**逸失利益**（いっしつりえき）を請求されることがあります。➡詳細は150ページへ

これらの慰謝料や逸失利益については、会社側に１億円規模の支払いを命じる判決も出ています。労災保険では慰謝料や逸失利益についてはカバーされません。高額の賠償請求にも応じられるように、ぜひ民間の保険を活用して備えておきましょう。➡詳細は150ページへ

トラブル例②

Bくん、新しい部署に慣れるために残業が続いているな。疲れがたまっているようだから、病院に行くように命じたはずだが。

はあ、それがまだ行っていません…。

しょうがないなあ。そのうち病気になっても、君のせいだからな。会社は責任持たんぞ！

……（それはひどいなあ）

◉会社は安全配慮義務から免れない

上記の事例で、従業員が倒れたり、ノイローゼやうつ病になったりしたら、どちらが責任を問われるでしょうか。答えは会社側です。

安全配慮義務といって、会社は従業員の安全や健康に関して日頃から注意を払い、適切に働くことができるようにしなければなりません。

しかし、病院に行けといってもなかなか行かないような、自己の健康への気づきがない従業員もいるでしょう。だからといって、会社は安全配慮義務を免れることはできません。「従業員の自己管理ができていない」「『病院に行け』と言っても行かなかった」という弁解はおそらく認められないでしょう。

◉会社は普段から健康対策を

上記の事例では、従業員には「配置換えしたばかり」で「長時間残業」があり、それらが原因とみられる「疲れの蓄積」が見られます。健康障害の要因・症状としては珍しくありませんから、管理者はそれを見逃さず、会社は早急になんらかの健康対策をとるべきでしょう。

従業員が倒れ、または重度のメンタルヘルス不調になって、会社が損害賠償請求を受けるような事態になってからでは遅いのです。普段から、健康管理体制を敷いておくことも重要です。

1 安全配慮義務
労災事故を防止するために

■ 会社は従業員の安全と健康に配慮する

会社は、雇用契約を結んだ従業員に対して、生命や身体等の安全を確保しつつ働くことができるように必要な配慮をしなければなりません。これが**安全配慮義務**で、労働契約法第5条にも定められています。会社には、労働者を管理下において労務を提供してもらう以上、安全や健康を脅かす危険があるものを取り除く義務があるのです。

長時間の残業など従業員に過重な労働をさせた、危険な作業場で十分な安全管理を行なわなかった、健康診断で異常が発見された従業員に労働への配慮をしなかった――。このようなことが原因で、従業員の安全や健康が害された場合、会社は安全配慮の義務をおろそかにしていたとして、従業員やその遺族などから高額の損害賠償を請求されることがあります（詳細は150ページ）。

会社は従業員の安全や健康に関して日頃から注意を払い、適切に働くことができるようにしなければなりません。従業員のことを考えて、ときには医療機関での受診を勧めるといった配慮も必要になってきます。

■ 健康診断は『業務命令』

しかし、肝心の従業員のほうが医療機関での受診を拒み、受診してもその結果を見せようとしないことがあります。従業員が会社に協力的ではない場合でも、仕事が原因で病気になったりケガをしたりすれば、その管理者である会社の責任が問われます。従業員が協力的ではなかったという言い訳はできないのです。

ですから、健康診断を受診することは、業務命令であることを明確にしておきます。同時に、受診結果は会社に提出するように義務づけます。これらは当然就業規則に規定しておきます。

健康診断の規定例

会社が必要と認めるときに、業務命令として健康診断を受けるように命じることができる。

【指定医健診】

第○条　社員が次の各号のいずれかに該当し、会社が必要と認めた場合は、社員の全部または一部に対し、臨時に健康診断をおこない、あるいは予防接種、ストレスチェック、メンタルチェック、会社が指定する医師への受診勧告、その他の安全配慮措置等をおこなうことがあります。なお、これは業務上の必要性に基づくものであり、正当な理由なく拒否できません。

(1)　欠勤が3日を超えるとき
(2)　傷病休職からの復職を希望するとき
(3)　傷病を理由に定期的に欠勤・遅刻・早退・私用外出するとき
(4)　身体または精神上の疾患に罹患している恐れがあると会社が判断したとき
(5)　その他、前各号に準ずる事由で、会社が必要と認めたとき

2．前項の規定により健康診断を受けた社員は、その診断結果の写しを会社に提出しなければなりません。

【自己保健義務】

第○条　社員は、日頃から自らの健康保持、増進および傷病予防に努め、会社が実施する所定の健康診断を必ず受診し、ストレスチェックは受検するよう努めなければなりません。

2．健康に支障を感じた場合は進んで医師の診察を受けるなどの措置を講じるとともに、会社に申し出てその回復のため療養に努めなければなりません。

3．社員は会社が実施した健康診断、その他の受診命令以外にも、自己の健康状態について、障害がある場合には、すみやかに会社に申告しなければなりません。申告がない場合、会社は健康なものとして取り扱います。

4．会社は社員の健康状態に疑義が生じた場合に、医師の診断を受けることを命ずることがあります。社員はこれに従わなければなりません。

2 過重労働による健康被害

最近増えているメンタルヘルス不調

■ 過重労働で脳・心臓疾患や精神疾患が引き起こされる

長時間の時間外労働などの過重労働によって労働者が疲労を蓄積した結果、さまざまな病気にかかりやすくなるので注意が必要です。過重労働によって健康障害が起きる可能性は、残業時間が長いほど高くなることがわかっています。時間外労働が月100時間または2～6か月平均で80時間を超えると、リスクの高い状態だとされています。

くも膜下出血などの脳血管疾患や、心筋梗塞などの心臓疾患は過重労働が原因で発症することがあります。脳・心臓疾患による労災申請は毎年800件前後あり、そのうち250件以上が**労働災害（労災）**と認定されています。

また、過重労働などによる仕事のストレスで起こるうつ病などの**メンタルヘルス不調**（統合失調症、うつ病などの精神疾患全般の総称）も近年急増しています。メンタルヘルス不調による労災申請は、平成27年度には請求件数が初めて1,500件を超えています。このうち約3分の1の割合で労災認定がされています。

■ 後遺障害や死に至ることも

脳・心臓疾患はときに死に至る重大な病気です。過重労働が原因で亡くなることを俗に**過労死**と呼び、メディアでも大きくとりあげられ、社会問題化しています。また、一命はとりとめても、重度の障害を負って（後遺障害）仕事ができなくなることも多く、患者やその家族にとっては生活に関わる深刻な問題となります。

メンタルヘルス不調は、患者が精神的に追いつめられて自殺をする可能性すら考えられる病気です。メンタルヘルス不調の一つ、**うつ病**は、いったん発症すると慢性化して社会復帰が難しくなる例もある病気です。事実、うつ病で長期間会社を休職する労働者が増加しています。身近な人や勤務先にも大きな負担がかかる病気といえます。

■国も乗り出した　メンタルヘルス不調対策

メンタルヘルス不調については、国をあげて対策に乗り出しています。平成27年度に、従業員が50人以上の事業所に対して、**従業員のストレスチェック制度**を行うことが義務づけられました。50人未満の事業所については、当分の間は努力義務でよいことになっています。しかし、規模の小さい会社ほど、メンタルヘルス不調で休業者が出ることによるダメージは大きいはずです。努力義務にとどまる規模の事業所でも、日頃より、従業員のストレス度合いに関心を持ち、厚生労働省が作成しているストレスチェック実施プログラムを使うなどしてもよいでしょう。

ストレスチェック制度はおおむね次のような流れになります。

●ストレスチェック制度

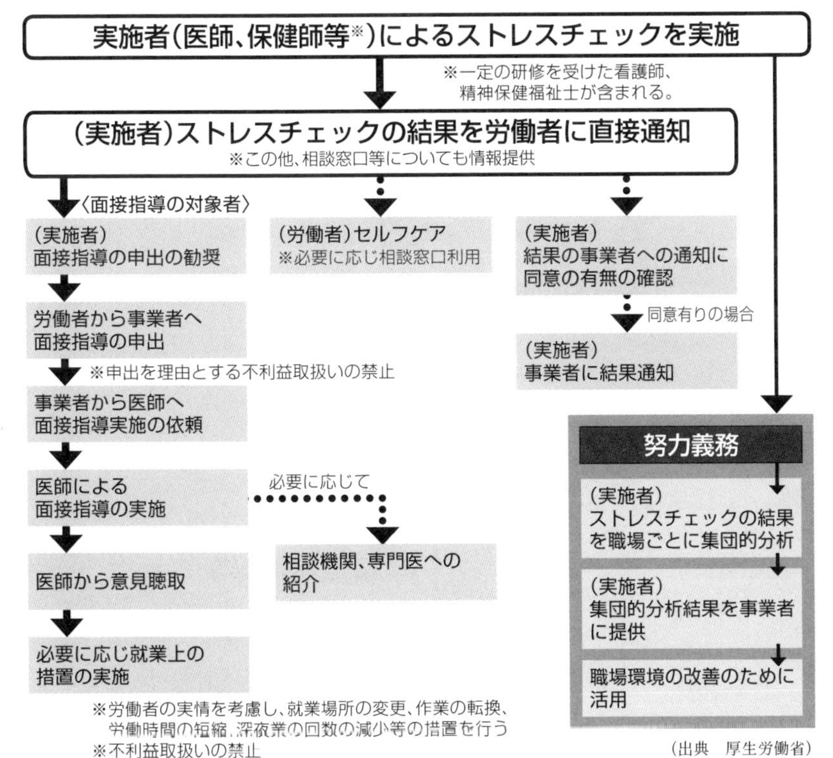

(出典　厚生労働省)

3 労働災害と認定基準①
脳・心臓疾患の場合

■ 基礎疾患などから総合的に判断

脳・心臓疾患の発症の原因が、仕事上の過重な負荷によるものであることが明らかである場合は、業務上の疾病として**労働者災害補償保険**、いわゆる**労災保険**が適用されます。

脳・心臓疾患は、本人がもともと持っている基礎疾患に加えて、体質、加齢や食生活、生活環境などの要因も関係する病気です。したがって労災の認定にあたっては、仕事の状況以外に、「本人に脳・心臓疾患にかかりやすい体質であるか」「加齢や食生活、私生活の環境などはどうだったか」などを考慮して総合的に判断します。

脳や心臓疾患の発症原因が仕事による明らかな過重負荷と認められれば、労働者災害補償保険が適用される。

●脳・心臓疾患の労災認定基準の対象となる疾病

脳血管疾患
- 脳内出血
- くも膜下出血
- 脳梗塞
- 高血圧性脳症

虚血性心疾患等
- 心筋梗塞
- 狭心症
- 心停止（心臓性突然死を含む）
- 解離性大動脈瘤

●脳・心臓疾患による労災認定までのフローチャート

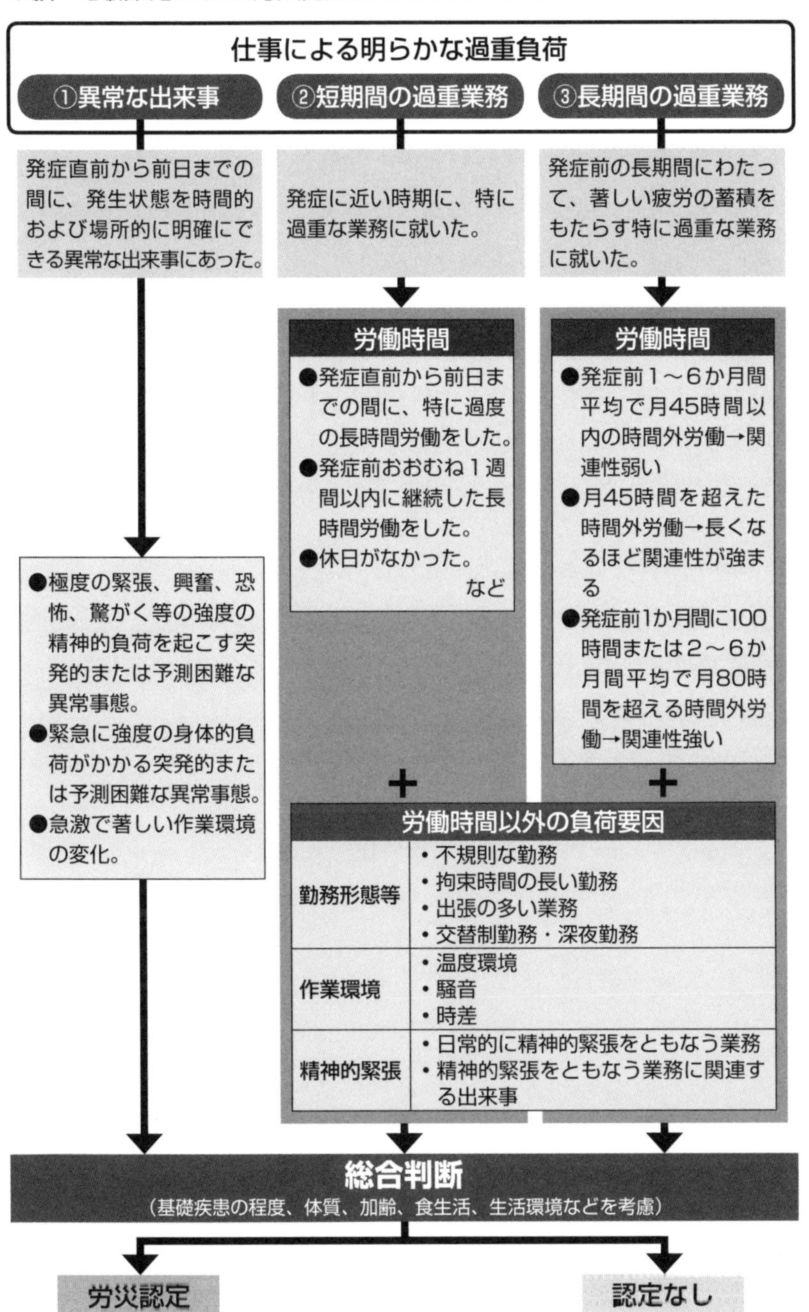

（出典　厚生労働省）

第5章 安全衛生・健康管理

4 労働災害と認定基準②
メンタルヘルス不調の場合

■「仕事上の強度の心理的負荷」が判断ポイント

メンタルヘルス不調で労災保険が適用されるかは、「仕事上の強度の心理的負荷」によることが認められるかどうかが重要なポイントとなります。「仕事上の強度の心理的負荷」には、長時間労働に起因するものと長時間労働以外に起因するものとがあります。

また、「医師から精神障害と診断されていること」や「過去に精神障害の既往歴がなく、業務以外で精神疾患になりやすい状況・環境はなかった」ことも同時に判断基準となります。

■ 労災の給付内容

労災の給付内容を見てみましょう。治癒または症状が固定するまで**療養補償給付**として治療費は全額支給されます。また休業３日目までは、平均賃金の６割以上を会社側が従業員に支払わなければなりませんが、４日目以降は**休業補償給付**(特別支給金を含め)としておおむね賃金の８割が「治癒または症状が固定する」まで支給されます。そして、万が一死亡した場合は、その遺族に**遺族補償年金**が支給されます。

●精神障害の労災認定フローチャート

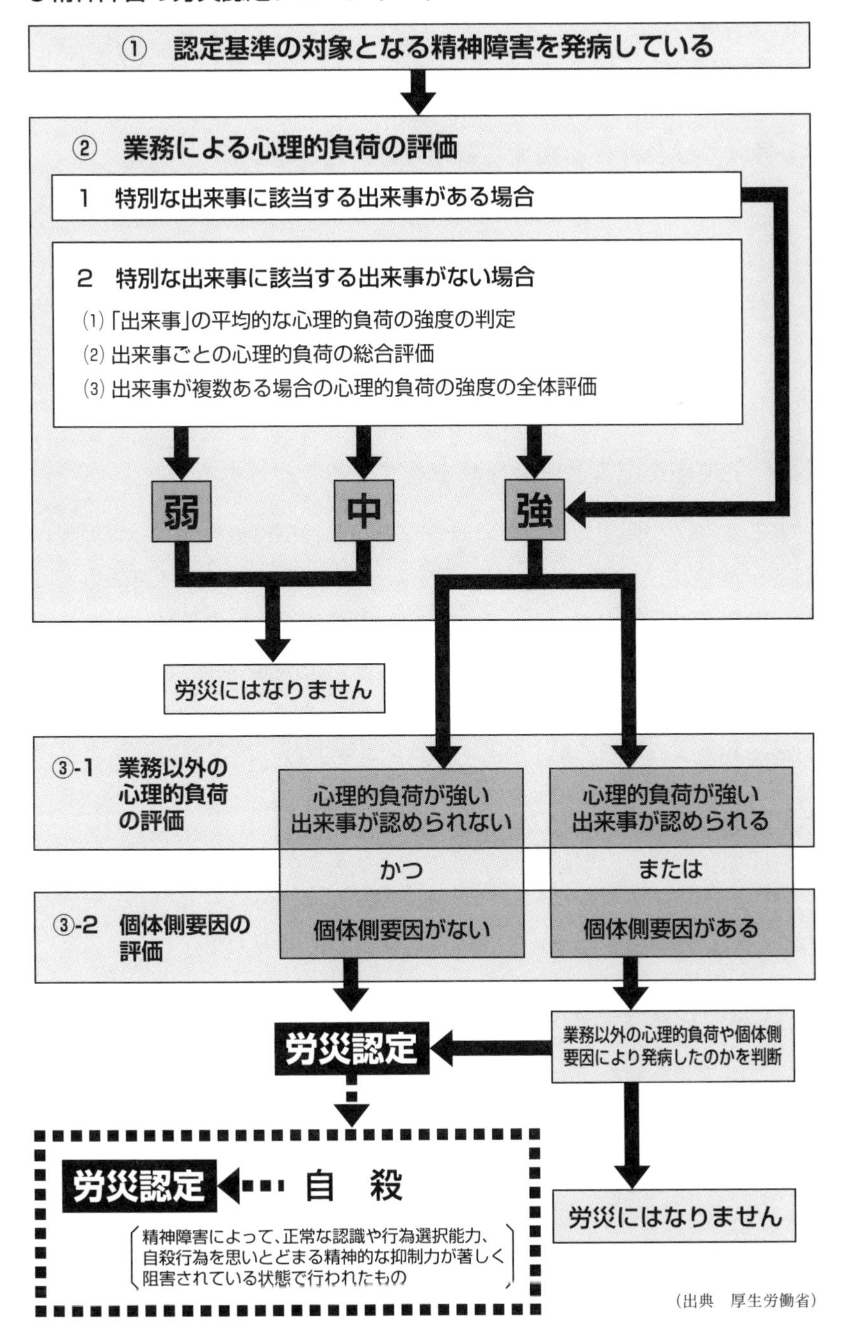

（出典 厚生労働省）

業務上災害の損害賠償

会社に過失があると莫大な損害賠償額になることも

■ 労災では会社が負担する費用はほとんどないが……

脳・心臓疾患やメンタルヘルス不調に限らず、事故や病気が労災と認められるとどんな問題が起きるでしょうか。

まず、148ページにあるように、労災保険に加入していれば労働災害による補償責任は免れます。治療費や休業中の給与もほぼカバーされます。このように、労災では会社が負担する費用はほとんどありません。

■ 安全配慮を怠ると莫大な請求をされることがある

ところが、安全配慮義務を怠ったなど、会社側に過失があって労災が起きた場合、これだけでは済みません。従業員に重度の後遺障害が残り、最悪の場合死に至ったときは、労働基準法上の補償とは別に、安全配慮義務違反などがあったとして従業員やその家族（遺族）から慰謝料や逸失利益（いっしつりえき）を請求されることがあるのです。

逸失利益とは、「従業員が将来にわたって元気に働いていた場合に受け取るであろう金銭」のことです。従業員の年齢や家族構成次第では、損害賠償の総額が１億円を超えることも珍しくありません。

労災保険は、損害賠償については補償をしません。労災が一度起きただけでも、大きなダメージを受ける可能性があるのです。

■ 民間の保険を活用する

労災事故で莫大な額の損害補償責任を負う可能性があるにもかかわらず、何の策もとっていない会社がまだまだ多いのが現状です。長時間勤務が多い、有休が取得しにくい、危険な場所での作業が多いなどの会社は、すぐにでも対策を講じるべきでしょう。

民間の保険会社では、**労働災害総合保険**、**使用者賠償責任保険**などの名称で、労災保険に上乗せする給付や損害賠償責任を補償する保険を販売しています。労災事故による損害賠償のリスクを考えて、このような民間の保険を活用するのも一案です。

●労働災害で想定される損害賠償

年収552万円　(月収36万円・賞与年間120万円)
扶養家族：妻27歳　子ども1人

被災者の過失を0とした場合

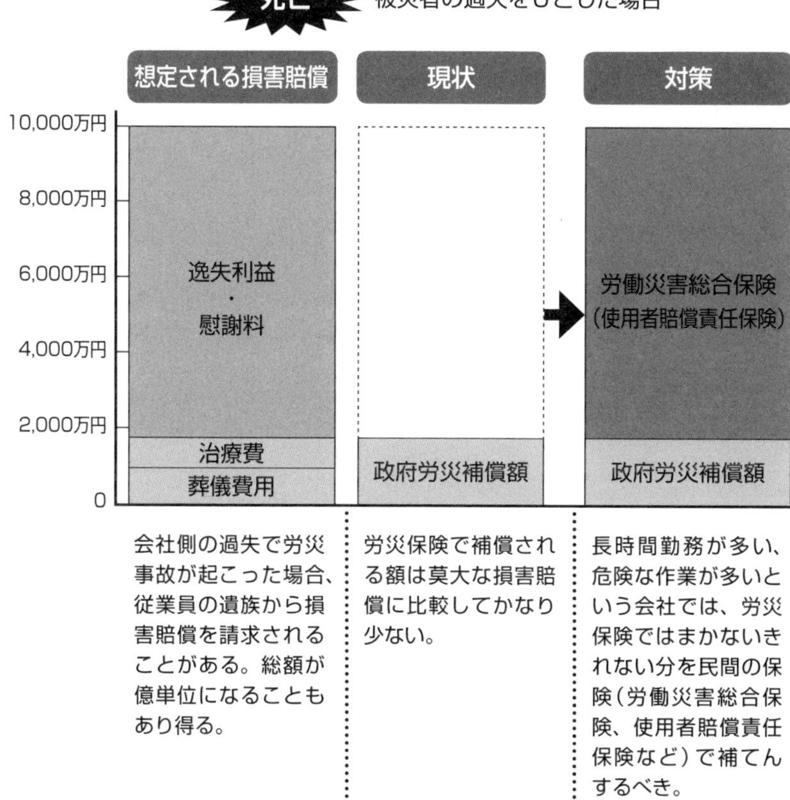

6 健康障害防止措置①

過重労働による健康被害を防ぐには

■ 過重労働を軽減するための措置

これまで述べてきたように、過重労働は疲労を蓄積し、心身の健康を損なう可能性が高いことがわかっています。従業員が過重労働によって健康を害した場合、会社に多額の損害賠償が請求されるおそれがあります。

したがって、労使が協力し合い、過重労働による健康障害をできるかぎり防がなければなりません。会社側は、過重労働による健康障害を防止するために、次のような措置を行うことが求められています。

①勤務状況を把握する

労働時間管理の目的は、単に労働時間を把握して給与（残業代）を計算するためだけではありません。長時間労働になっていないか、勤務が不規則ではないか、交代制勤務で深夜勤務が多くないかなどを把握して、従業員の健康管理に役立てるのです。

②時間外労働の削減

過重労働の主な原因は、長時間の時間外労働です。１か月の時間外労働が45時間よりも長くなればなるほど健康障害のリスクが高まります。業務の都合により、36協定で特別条項を設ける場合は、過剰な限度時間を設定しないように配慮しましょう。

③年次有給休暇の取得

たまった疲れをとるためには休息を取ることが効果的です。時間外労働が続いたときは、まとまった休暇がとりやすいように配慮することも大切です。会社側は年次有給休暇の計画的付与を活用するなどして、有給休暇の取得を促しましょう。

■ 長時間労働者への面接指導は義務

時間外労働が１か月当たり100時間を超え、かつ疲労が蓄積しているとみられる従業員は、健康障害の危険水準を超えており、医師による面接指導を行わなければなりません。原則は従業員の申し出があるときに行いますが、従業員からの申し出がなくても、労働時間が長い従業員などには、積極的に働きかけるようにしましょう。万が一労災事故が発生したら、会社側の過失が問われることがあります。

また、時間外労働が２～６か月の平均で１か月あたり80時間を超える従業員も健康障害のリスクが高い水準です。医師による面接指導などの措置を積極的に行うようにしてください。

●時間外労働時間と健康障害リスクの関係

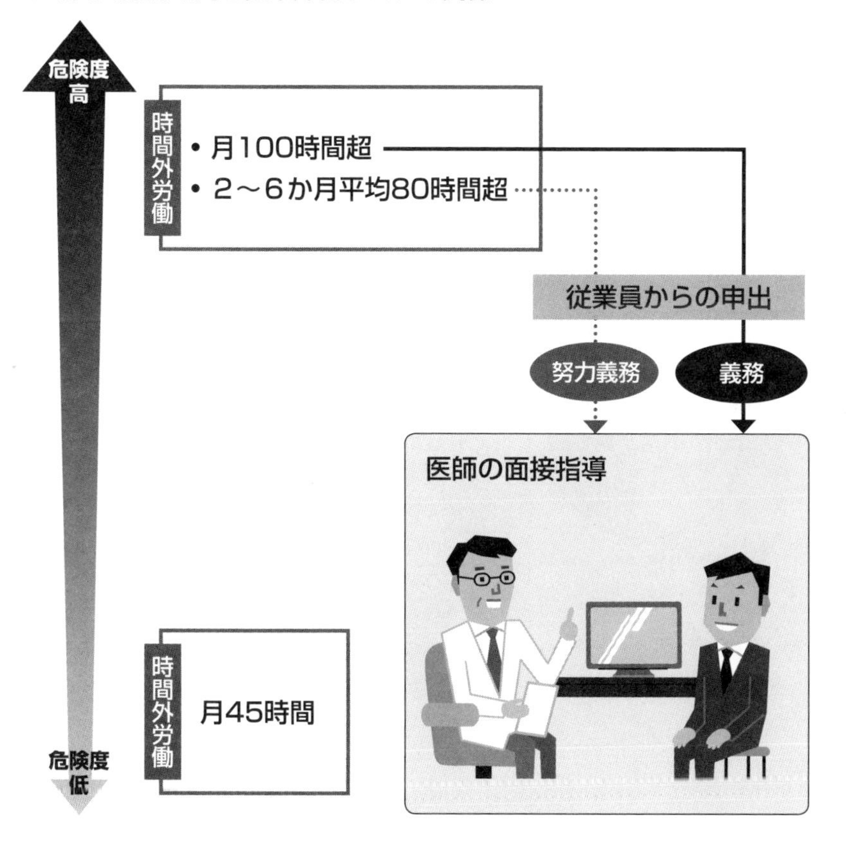

7 健康障害防止措置②

メンタルヘルス不調を防止するには

職場でメンタルヘルスケアに取り組む必要性

仕事に関する強い不安、ストレス、悩みなどを抱える労働者が増えています。日本では毎年２～３万人前後の自殺者が出ていますが、そのうち仕事に関するストレスが引き金となったケースは少なくないとみられています。

会社にとっても、従業員の心の健康不安は職場の活力低下、仕事能率の低下など負の連鎖を招きます。重度のうつ病を発症、あるいは自殺などで会社の過失が問われ損害賠償を請求される例も目立っています。

心の健康対策(**メンタルヘルスケア**)に取り組む割合は、事業所規模が小さいほど少なくなることがわかっています。したがって、中小企業は特に意識して、管理職・従業員への教育研修・情報提供、または地域産業保健センター等を活用して、メンタルヘスケアに取り組む必要があるでしょう。

●心の健康対策(メンタルヘルスケア)の実施状況

心の健康対策(メンタルヘルスケア)に取り組んでいる事業所割合（単位：%）

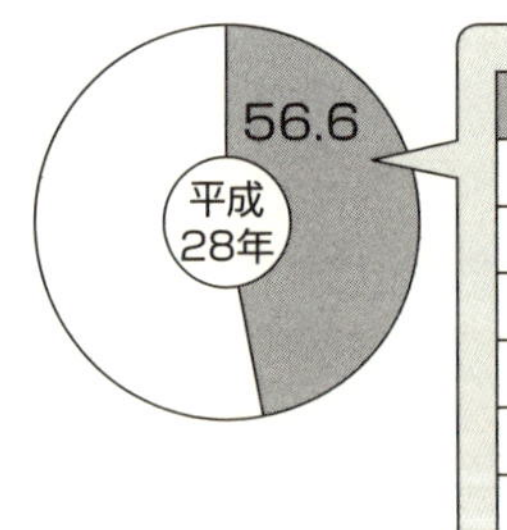

事業所規模	
1000人以上	100.0
500～999人	99.8
300～499人	99.2
100～299人	96.1
50～99人	85.2
30～49人	62.5
10～29人	48.3

事業所規模が小さいほど、メンタルヘルスヘアに取り組んでいる割合が少なくなっている

（出典　厚生労働省「平成28年労働安全衛生調査（実態調査）の概況」）

■ メンタルヘルス不調の発症要因

仕事でのメンタルヘルス不調は、主に次のような要因がきっかけとなって引き起こされます。

①人間関係のトラブル
②役割・地位の変化
③仕事の量・質の変化
④重い責任の発生

また、生活環境の変化や金銭問題、家庭不和や事故など、仕事以外の要因も影響していることがあります。

●メンタルヘルス不調はさまざまな要因がきっかけに

職場の要因

人間関係のトラブル
社内の対立、セクハラ、パワハラ、いじめ、いやがらせなど

役割・地位の変化
昇進、昇格、配置転換、出向など

仕事の質・量の変化
長時間労働、人事異動、仕事上のトラブルなど

重い責任
仕事上の失敗や事故など

職場以外の要因

生活環境の変化
借金・ローン
病気
事故
災害
家族の不和
知人の死　など

■ 社内外で連携して早期発見･対処を目指す

メンタルヘルス不調の兆候は、仕事意欲の低下、肥満、服装・身だしなみの乱れ、不眠症、作業効率の低下、事故など、心理面や身体、行動の変化に現れることがあります。従業員の上司や管理職は、職場環境や従業員の状態を把握し、メンタルヘルス不調の兆候を見つけたら、改善に努めることが求められます。ときには従業員に気づきを与え、健康診

断の受診や休暇の取得を促したり、従業員からの相談に乗ったりすることも必要でしょう。

うつ病などのメンタルヘルス不調は、早期の発見と対処によって比較的治癒率が高くなると言われています。社内の人事責任者と連携し、あわせて**障害者職業センター**等の社外機関のサービスなども活用しながら、従業員の心の健康維持に努めましょう。

8 健康障害防止措置③

年1回の定期健康診断を受診させる義務

■ 従業員の健康診断拒否への対応

会社は、従業員への安全配慮義務を果たすために、原則として年に1回の**定期健康診断**を受けさせる義務があります。また、健康診断の結果は本人に通知するとともに、会社が必ず保管し、最低5年間は保存しておかなければなりません。会社が診断結果を保管していないと、もしものときは会社が責任を問われます。実務上は、健康診断結果を医療機関から直接会社が取得できるように手配しておきましょう。

定期健康診断の受診対象となる従業員は、①正社員、または②1年以上雇用が予定されており、1週間の所定労働時間が同じような業務に就く正社員の4分の3以上あるパートタイマーなど、のいずれかです。受診対象の従業員側にも受診義務がありますが、健康に不安があって診断結果を会社に知られたくない、忙しいといった理由で受診を拒む従業員もいます。そこで就業規則には「正当な理由なく受診を拒否できない」と定め、拒否する場合は懲戒処分の対象となることを明記しておきましょう。

■ メンタルヘルス不調の対処にストレスチェック制度

145ページで説明したように、メンタル面の健康度を測るストレスチェック制度が平成27年度から実施されています。ストレスチェック制度は、定期健康診断と合わせて行っても、別の機会に行ってもかまいません。

この制度は定期健康診断と違って、結果はまず従業員に通知し、従業員の同意を得て会社に通知します。また、会社には制度を実施する義務がありますが、従業員個人に受診義務はありません。このような制限はありますが、従業員に受診してもらい、受診結果を知っておかなければ会社は適切な対処ができません。就業規則には、受診及び受診結果を会社に通知することを促す旨を記載しておきましょう。

健康診断の規定例

深夜業務に常時従事する者に対しては、６か月に１回健康診断を行なう。

【健康診断】

第○条　会社は社員に対し、入社の際および毎年１回の健康診断を実施します。費用は会社負担とします。ただし、本人が希望する追加の検査項目については、本人の負担とします。

２．深夜業務、その他有害な業務に従事する者に対しては６か月ごとに健康診断をおこないます。

３．前項までの規定にかかわらず、会社が実施する健康診断に代えて、法定の検査項目を満たす場合、別の医師の診断書を提出することができます。

４．会社は社員の健康管理に関し、入社の際および毎年１回の健康診断以外にも必要に応じて、会社の指定する医師による健康診断または予防接種等を求めることができます。

５．社員は正当な理由なく、前各項に定める健康診断や予防接種などの安全配慮措置等を拒否できません。正当な理由がなく受診等を拒否した場合には、【懲戒事由と適用】規定に定める懲戒処分の対象となります。

健康診断を拒む従業員は懲戒処分の対象となることを明記する。

６．所定労働時間内で健康診断に要した時間は、労働時間として扱い通常の賃金を支給します。ただし、会社が指定する施設および時間以外で受診する場合は、この限りではありません。

７．健康診断の結果で要精密検査・再検査となった者は、検査結果を知った日から１か月以内に精密検査または再検査を受けなければなりません。その費用は自己負担とし、所定労働時間内に検査を受けた場合は無給とします。検査後すみやかに、会社に報告書(診断書)を提出しなければなりません。

８．前項の報告書(診断書)に疑義がある場合は、会社の指定する医師による受診を指示することができます。

９．社員は労働安全衛生法の定めに従い、受診した健康診断の結果を会社に提出しなければなりません。

10．健康診断の結果、必要がある場合は会社の指定する医師の診断に従って就業を一定期間禁止し、または就業場所の転換、業務の転換、労働時間の短縮その他健康保護に必要な処置を命じることがあります。健康確保措置の実施に伴い賃金その他労働条件を見直すことがあり、社員はこれに従わなければなりません。

11. 会社は健康診断の結果報告によって得られた個人情報を、安全配慮義務を果たすために使用することとし、他の目的に使用することはありません。

会社は健康診断の結果にもとづく適切な措置をする義務がある。

労災認定がないと保険が使えない？

Column

業務中の事故や、長時間労働などを原因とする病気で、死亡したり後遺障害が残った場合、150〜151ページで説明したとおり、逸失利益や慰謝料を請求されるケースがあります。その対策として労働災害総合保険や使用者賠償責任保険をご紹介しました。しかし、この保険にも弱点があります。それは、『労働基準監督署の労災認定』を前提として保険金が支払われることです。監督署は労災を認定しなかった場合でも、裁判において会社の責任が認められ、損害賠償責任が発生した事例があり、労働災害総合保険や使用者賠償責任保険では対応できないということになります。

このようなケースに対応できるのが業務災害補償保険です。労働基準監督署で労災認定されずに裁判所で賠償責任が認められた場合でも保険金を受け取ることができるので、労災対策の保険として最適です。業務災害補償保険は労災総合保険に比べて少し割高ですが、労災によるリスクを最小限に抑えたいのであれば、業務災害補償保険に加入するのが良いでしょう。地元の商工会や業界団体を通して加入すると割安になるケースもありますので確認してみてはいかがでしょうか。

安全配慮義務を徹底し、労災を未然に防げるのであれば、それに越したことはありませんが、万が一に備えて、対策を取ることが望ましいでしょう。

第6章

休職・復職

トラブル例①

うつ病と診断された総務部のAが休職を申し出ているんですが…。

うちの会社には休職規定がないし、働けない社員をおいておける余裕もないんだ。解雇するしかないだろう。

でも、Aが裁判所に訴えたら大問題になりますよ。規定がないからといって、簡単には解雇できないそうですよ。

えっ！　そうなのか！

◉うつ病による休職者が急増

以前は、休職制度を利用する従業員も少なく、ほとんど問題が起こることはありませんでした。しかし近年、うつ病などのメンタルヘルス不調で休職する労働者が急増し、休職と復職にまつわるトラブルがとても多くなっています。

◉トラブルに備えて休職制度の整備を

もし会社に休職制度がない場合、私傷病で欠勤が続き、解雇された従業員が解雇無効を求めて訴訟を起こしたら、どんな結果になるかをシミュレーションしてみましょう。

休職制度がなくても、会社には解雇回避努力義務があるので、まず解雇を撤回して従業員の休職を認めるよう言い渡されます。その際、これまでの判例では1～2年の休職期間が言い渡されることが多いようです。なぜなら、そもそも会社に休職期間の基準がないからです。

このようなトラブルに発展する可能性がありますから、休職制度はきちんと整備することをおすすめします。

トラブル例②

先日休職期間の延長を求めていた社員のBですが、裁判所から「休職期間を延長するように」と言われました。

なに！　うちの休職制度では休職期間を1年と定めているんだぞ！　延長しなければならない理由はなんだ？

それが1年間回復を待ったのだから、もう少し待ったらどうだということなんです……。

バカな！　働けない社員をさらに何か月も雇っておくだなんて。

◉トラブルを招く　休職期間の設定

休職制度を就業規則に規定する際、書き方によってはトラブルを招くので注意が必要です。トラブルの元になりやすいのは、休職期間の設定です。

まず休職期間はあまり長期間としないほうが得策です。さらに、休職期間の延長については、しないということを明記しておいてもよいでしょう。

また、対象者を決めずに一律に休職期間を設定すると、新入社員にも10年以上のベテラン社員にも同じ休職期間が与えられるということになりかねません。勤続年数ごとに休職期間を区別するとよいでしょう。

◉規定をつくるときは文言を選んで

規定の言葉の選び方を間違えたために、会社の裁量権を狭めたり、従業員にも裁量権を認めたりしてしまうこともよくあります。➡詳細は164ページ

休職にまつわるトラブルは、とかく労働者側に有利に拡大解釈されがちです。結果的に会社が苦境に立たされることがないように、言葉の一つひとつを吟味して作成しましょう。

1 休職制度はなぜ必要か

制度を設けることでトラブル回避につながる

■ 休職制度を設ける理由とは

休職制度は、従業員がケガや病気などで働くことができない場合、従業員の身分を保証したまま一定期間の就労の義務を免除する制度です。民間の会社では休職、復職は法律の定めがないので、規定を設けるか否か、どのような規定を設けるかは会社の任意で決めることができます。

従業員がケガや病気などで働くことが難しい場合、雇用契約通りに労務の提供ができないということで、原則は解雇または退職に至ります。しかし実際は作業の負担を軽減する、配置転換をする、休職制度を活用するなど、解雇を回避するための一定の努力をしなければなりません。トラブル時に解雇回避の努力があったと判断されるためにも、休職制度を設けておくことをおすすめします。

■ 休職の事由を定める

業務上の災害(通勤災害を除く)により休業する場合は、法律上解雇制限がかかるため、会社の休職制度からは除外されます。会社の休職制度が当てはまる事由は、「①業務以外の災害による傷病休職」、「②会社都合による休職」、「③出向による休職」のいずれかです。

このうち、詳しく規定したいのは、①です。主に次のことについて取り決めておきましょう。

①どんなときに休職を命じるか(休職の事由)
②休職の開始時期
③休職の通算期間(回数、通算期間の限度)
④休職中の賃金など
⑤復職の条件
⑥休職後の退職について

■休職の規定では、細かい言い回しに注意！

休職の判断は、会社側に全面的に裁量があるようにすることがポイントです。その点において、次の二つの休職制度に関する表現は、どちらのほうに会社の裁量権があるかわかるでしょうか。

(1)「業務外の傷病により、〜就業ができない場合に休職を命じます。」
(2)「業務外の傷病により、〜就業ができない場合に休職を命じることがあります。」

一見、(1)のほうが「命じる」と断定していることで、会社がイニシアチブをとっているかのように感じられます。しかし、角度を変えて読めば「会社は、業務外の傷病で働けない場合には、必ず休職を命じなければならない」と受け取れます。会社の裁量を狭めているのです。

極端な例ですが、(1)のような規定をした会社の工場で生産ラインに従事する従業員が、レジャー中に片腕を失ってしまったとします。休職したところで、完全な労務提供ができるまでに回復する可能性はほぼありません。しかし、それでも就業規則で「必ず休職を命じる」と規定してしまっている以上、それ以外に選択肢はありません。

一方、(2)は回りくどい言い方ですが、「会社は、業務外の傷病で働けない場合、休職を命じないこともある」と示唆しています。つまり、休職以外の方法(解雇や退職など)の選択肢を示すこともできるとしているのです。

会社都合・出向休職の規定例

【会社都合による休業】

第○条　会社は、以下の理由により社員の一部または全部を、会社が指定する期間、休業させる場合があります。

⑴　業績不振

⑵　事業部門の閉鎖

⑶　取引先の縮小

⑷　その他経営上の理由

２．前項の休業を命じる場合には、平均賃金の60％を支給すると共に、勤続年数にも通算します。

【出向休職】

第○条　会社は、社員に対して関連企業、その他取引先に出向を命令する場合があり、この間については、休職扱いとします。

２．休職の期間は、出向先と定める協定によります。

他社への出向は
休職扱いにする。

2 休職の開始時期と通算期間①

開始日と期間を細かく決めておく

■休職開始前に猶予期間を入れる

休職開始日がはっきりと示されていないと、休職期間の終了日もはっきりしません。休職開始日については、細かいくらいに決めておきましょう。

業務外の傷病による欠勤では最初の日から休職扱いにするのではなく、しばらく様子を見てから(猶予期間)休職扱いにするのが一般的です。猶予期間は1か月くらいが適当でしょう。また、猶予期間のカウント方法も暦日か所定労働日数かを明確にしておきます。

なお、年次有給休暇は原則として欠勤扱いではありませんが、年次有給休暇を含めて猶予期間としてもかまいません。年次有給休暇を猶予期間に含むかどうかの解釈でトラブルが生じる可能性があるので、どちらの取り扱いにするか明記しておきましょう。

●猶予期間中の有給休暇の扱い

年次有給休暇を猶予期間に含めるか含めないかで、休職開始日が大幅に変わってくることがある。含める場合は、休職規定に明記する。

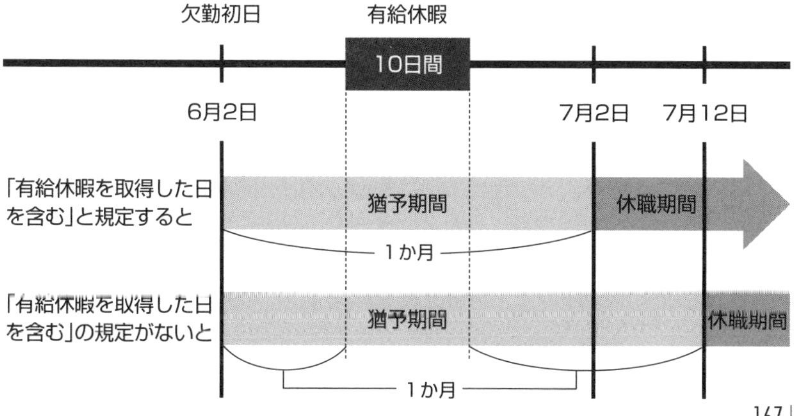

再発した場合の規定も書いておく

何度も同じ傷病になったときの通算期間の限度も書いておきましょう。近年患者が急増しているうつ病などのメンタルヘルス不調は再発率が高く、休職して復職した後にまた休職するということがよくあります。通算期間の限度を規定しないと、結果的に休職が長期間に渡ってしまうことにもなります。

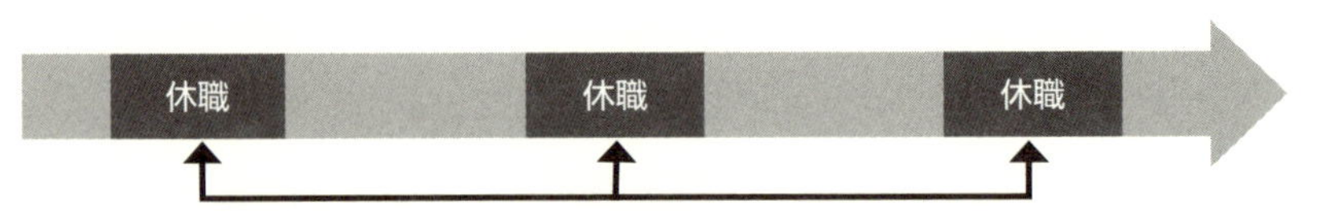

同じ傷病になったときの通算期間の限度を決めておく。

傷病休職の規定例

年次有給休暇を含めるかどうかを明記する。

【傷病休職】

第○条　社員が各号のいずれかに該当するときであって、会社が必要と認めた場合に傷病休職を命じることがあります。ただし試用期間中の者を除きます。

(1) 業務外の傷病(通勤災害を含む)により欠勤(年次有給休暇を取得した日を除く)し、所定労働日に連続して20日を経過しても就労ができないとき

(2) 業務外の傷病(通勤災害を含む)により欠勤・遅刻・早退等(年次有給休暇を取得した日を除く)があり、直近の暦日90日間のうち20日を超えたとき

(3) 会社が実施する健康診断、ストレスチェックなどの健康確保措置を受診せず、勤務に適しないと会社が認めたとき

(4) 健康診断の結果で要精密検査となる項目があり、勤務に適しないと会社が認めたとき

(5) その他前各号の事由に準ずる事由が発生し、勤務に適しないと会社が認めたとき

2．前項の規定にかかわらず、【傷病休職期間】規定に定める休職期間を経過しても、復職の見込みがないことが明らかな場合、会社は傷病休職を命じないことがあります。

3．休職開始の時期は、前項第１号および第２号においては業務外の傷病(通勤災害を含む)により欠勤・遅刻・早退が20日を超えた日以降で会社が指定する日とします。前項第３号から第５号においては、会社が指定する日とします。
4．傷病休職を命ぜられた場合には、休職に関する誓約書を、休職開始の日より前に提出しなければなりません。
5．傷病休職した者が、【傷病休職期間】規定に定める休職期間満了前に復職した後12か月以内に同一傷病の再発により欠勤した場合は、欠勤開始日より休職とし、休職期間は復職前の期間と通算します。
6．傷病休職した者が、【傷病休職期間】規定に定める休職期間満了して復職した後、同一傷病の再発により本条第１項第１号および第２号に該当した場合は、休職制度を適用しません。同一傷病の再発と認められる場合は、傷病名が異なっても再発として取り扱います。
7．異なる傷病等により休職が複数回に及ぶ場合でも、休職期間を通算して６か月を超過することはできません。
8．休職期間中に別の休職事由が発生した場合、重複している期間は双方の休職期間が進行するものとします。

再発した場合の休職開始日・通算期間を明記する。

3 休職の開始時期と通算期間②

経営を圧迫しない休職期間と賃金支払いの規定を

■ 長い休職期間はデメリットが多い

休職期間について定めるとき、あまり長い期間の設定は避けましょう。体力に限界のある中小企業にとってデメリットが大きいからです。

休職中、賃金が支払われなければ、労働保険料は発生しませんが、厚生年金保険料・健康保険料は労使負担分ともに発生します。

また、本来休職者が担当していた業務を他の従業員が引き受けなければならないなど、労務管理に与える影響が大きいので、慎重に期間を検討する必要があります。

■ 勤続年数によって決める

休職までの猶予期間があることを考えると、休職期間は３～６か月が妥当なところではないでしょうか。一律に休職期間を設定するのではなく、勤続年数の長さに応じて休職期間を設定しましょう。勤続年数が短い場合は、休職制度の対象外とすることもできます。

「そうはいっても、１年や２年待ってでも復職してほしい社員がいる」というのであれば、その従業員だけ会社の裁量で休職期間を長くすればいいのです。長くする相当な理由があれば、トラブルは起こりません。

■ 賃金の支払いや社会保険料について明記する

休職中の賃金の支払いは、会社で自由に決めてかまいません。なお、業務外の傷病による休業には、健康保険から**傷病手当金**が支給されます。賞与や退職金の規定があれば、休職期間がそれぞれの算定期間に含まれるかどうかを記載しておきます。

休職期間中の本人負担分の社会保険料の取り扱い方法も忘れずに決めておきましょう。

傷病休職期間の規定例

会社の状況に応じて無理に長期としない。

【傷病休職期間】

第○条　傷病休職期間は、勤続年数の区分により下記の期間内で、状況を勘案し個別に決定します。

1年未満	なし
1年以上5年未満	3か月以内
5年以上	6か月以内

なお、勤続年数1年未満の者が傷病休職に該当する事由が発生した場合は退職とします。

休職制度に該当しない者の対象者と退職時期を記載。

2．前項により決定した休職期間を延長することはありません。

【傷病休職中の連絡】

第○条　社員は、傷病休職した場合は、少なくとも1週間に1回は主治医の診断書を提出しなければなりません。

2．会社が必要と認めた場合は、会社が指定する医師の診断を受けなければなりません。

【傷病休職期間の取り扱い】

第○条　傷病休職期間については、賃金を支給せず、勤続年数にも通算しません。

2．賞与および昇給については、対象期間から休職期間を除いて算定します。

3．社会保険料その他、社員が負担するべき項目がある場合は、毎月末日までに会社に支払うものとします。

4 復職の規定
会社側に全面的な裁量権がある規定に

■ 復職の判断は会社が行うことを示す

休職期間中に休職事由である病気やケガが治癒して働ける状態になった場合、元の職に復帰することを**復職**といいます。休職と同様に、復職の判断は会社側に裁量権があるように就業規則に記載することが重要です。

例えば、次のような表現は、会社側の裁量を狭めてしまうのでＮＧです。

×　～した場合は復職するものとします。

×　～の書類で復職を決定します。

どちらも、「従業員が～した場合は(従業員が提出した～の書類で)必ず復職を許可します」と言っているようなものなのです。

次のような表現ならＯＫです。

○　～した場合は、復職させる場合がある。

○　～の書類で復職の可否を判断する。

あくまでも「～をしても(～の書類で) 必ず復職を許可するわけではない、判断するのは会社だ」と示しているのです。

■ 復職の判断材料

復職を判断するポイントは「休職前と同程度に仕事ができるか」です。そのためには、少なくとも「通常の始業時刻に出社して、終業時刻まで勤務することを続けられるか」を見極めることです。

また、医師の診断書や診断記録も判断材料にします。私傷病による休職の場合は、必ず提出してもらいましょう。さらに、それだけでは判断がつかない場合には、会社側が指定した医師の診断を受けさせることができるようにしておきましょう。

休職後の退職時期を定めておく

休職期間が終わっても休職事由が消滅しない、つまりケガや病気が治癒しない場合は、原則として**「休職期間満了による自然退職」**として扱います。休職期間が過ぎても労務の提供ができないのだから、労働契約を終了するという考え方です。

「休職期間後に復職できない場合の退職時期」を必ず明記しておきましょう。また、休職時にはその規定を伝える、あるいはその規定に従う旨の同意書を交わしましょう。

復職の規定例

【復職】

第○条　傷病休職事由が消滅し、通常の始業時刻から終業時刻まで、所定労働時間の勤務ができるようになったとき、復職させる場合があります。

2．傷病休職事由が消滅した場合、直ちに会社に届出なければなりません。

3．復職を希望する場合、その2週間前までに、復職が可能である具体的状況を復職願に記載して会社に届出なければなりません。その際は、治癒した旨の主治医の診断書を添付しなければなりません。

4．復職に際し、会社が必要と認めた場合は、会社が選任した医師の診断を受けなければなりません。その際に主治医のカルテおよび診断記録等の提出を求める場合があります。その結果により復職可能かどうか決めることとします。また、主治医の診断書を提出した場合でも、会社指定の医師の診断を拒否した場合、休職事由が消滅したか否かの判断材料として採用しません。

5．復職後の職務は原則として休職前の職務とします。ただし、主治医の判断により休職前の職務とは異なる職務につかせる場合があります。

6．傷病休職期間が満了しても、傷病休職事由が消滅しない場合は、休職期間満了による退職とします。

会社側に裁量があるように、表現に気をつける。

「休職期間後に復職できない場合の退職時期」は必ず記載。

メンタルヘルス不調で休職した従業員を復職させるには？

Column

●復職制度が今後は一般的に!?

うつ病などのメンタルヘルス不調で休職する労働者は増加傾向にあります。今やメンタルヘルス不調は、誰でも患う可能性があるといえるでしょう。６章では「メンタルヘルス不調が長引く従業員にどのようにしてトラブルなく辞めていただくか」を念頭に置いて休職制度の整備を解説しましたが、これからは「メンタルヘルス不調の従業員にどのように職場復帰してもらうか」という考えが当たり前になってくるかもしれません。つまり、メンタルヘルス不調患者に対する職場復帰支援制度がもっと一般的になるかもしれません。

●地域の障害者職業センターでの復職支援制度

このような動きはすでに始まっています。独立行政法人の高齢・障害・求職者雇用支援機構が各都道府県に設置する障害者職業センターでは、うつ病などのメンタルヘルス不調で休職している労働者の復職支援を実施しています。一定の要件を満たした休職中の労働者本人と、休職中の従業員を抱える雇用保険適用事業所の事業者は、この支援を受けることができます。

独立行政法人高齢・障害・求職者雇用支援機構のホームページから各都道府県の障害者職業センターへアクセスできる。

第7章

懲戒・解雇

トラブル例 ①

2か月前に解雇したAが解雇無効の訴えを起こしてきました！

今頃になって何を言い出すんだ。とことん闘ってやる！

でも、裁判は１年くらいかかりますし、解雇無効の判決が出たら、解雇日以降の給与を支払わなくてはなりませんよ。

えっ！ 働いていないのになぜ賃金を払う必要があるんだ!?

◉解雇無効の裁判に支払う代償は

解雇した元従業員が、解雇無効を訴えてきた場合、本裁判の期間はだいたい半年から１年間です。「解雇は無効」との判決が出たら、裁判所は「労働者の地位があったのに、会社は働かせなかった」として会社に解雇日以降の賃金の支払いを命じます。例えば、上記のトラブル例のように解雇から２か月後に元社員が解雇を無効とする訴えを起こし、１年後に解雇無効の判決が出たとしたら、その時点で会社側が支払わなければならない賃金は２か月＋12か月＝14か月分です。１か月の賃金が30万円とすると、420万円となります。それに弁護士費用もかかりますし、判決後やはりその従業員に辞めてもらいたければ、そのための解決金を上乗せして支払うことになります。

このように、時間とお金に多大なコストがかかることになるため、安易に解雇をすることは避けましょう。

◉就業規則にのっとって解雇を　解雇までの過程も重要

トラブルを防ぐには、就業規則を整備し、就業規則に書かれた解雇事由に基づき、解雇手続きに沿って行うことです。解雇する前に、指導教育、配置転換などといった解雇回避努力をすることも大切です。

➡詳しくは182ページへ

トラブル例②

先日会社のお金の使い込みが発覚して懲戒解雇にしたBですが、弁護士を立てて懲戒解雇の無効を主張してきました。

Bは、「故意に営業上の事故を発生させ、会社に著しい損害を与えた」。わが社の懲戒解雇事由にずばり当てはまるぞ。

それが、Bが使い込んだ金額はわが社の売上額から見れば著しい損害ではないだろうと言ってきておりまして……。

◉少しでも懲戒解雇事由と違っていたら処分できない!?

「懲戒解雇無効」の訴訟になると、従業員側は就業規則に書いてあるかどうかはもちろんのこと、書いてある場合でも重箱の隅をつつくように文の一語一句を調べ上げて指摘してきます。

実際にあった例ですが、ある会社では、会社の金を使い込んだ従業員に懲戒解雇を言い渡したところ、従業員側はその会社の懲戒解雇事由に規定してあった「会社に著しい損害を与えた場合」の文を逆手に取り、「会社の売上10億円に対して、使い込んだ額1,000万円は『著しい』損害とはいえない」と反論。裁判ではその主張が受け入れられて懲戒解雇無効の判決が下りました。わずかな意味の違いから懲戒解雇事由に当てはまらないとみなされたのです。

◉実現は難しくても規定しておこう

この判例のように懲戒解雇事由の文面と合致しているかどうかのほかに、懲戒解雇事由に相当する行為をしたと立証できるかどうかも訴訟の際には争点になります。このようなことから、実は懲戒解雇は現実的には難しい処分なのです。しかし、懲戒事由を書かないでいると、そもそも処分の対象とはなりません。また、従業員が処分に値するような行為を抑止する効果もあるので、就業規則には必ず定めておきましょう。

1 解雇の規定　基礎知識

解雇事由を明記することで解雇が可能に

■ 解雇は三種類ある

解雇とは、会社側から労働契約解消の意思表示をすることをいいます。これに対して、８章で説明する**退職**は、従業員の側から意思表示する労働契約の解消です。使い分けには注意してください。

解雇には、大きく分けて次の三種類があります。

①普通解雇　従業員に、精神または身体の障害、勤務成績や職務能力の不良、勤務態度の不良など十分な労務提供がないという雇用契約上の債務不履行があり、それを理由として解雇することです。

②整理解雇　経営不振など、会社側の経営上の都合によって事業縮小や事業の打ち切りなどを行う際に、人員整理の名目で行う解雇のことです。

③懲戒解雇　制裁の一つです。就業規則の服務規定に違反した、会社秩序を乱したなど、従業員が就業規則の懲戒解雇事由に当てはまる行為をしたときに行われます。

■ 就業規則に解雇事由を明記する

どの解雇にも共通して言えることは、就業規則に解雇事由が書いていないと解雇はできないということです。したがって、就業規則には解雇事由を必ず明記して、従業員に周知しましょう。解雇をするときには、就業規則を根拠としていることを説明する必要があります。

解雇の規定例

【解雇】

第○条　社員が次の各号のいずれかに該当する場合は解雇します。

(1) 事業の運営上のやむを得ない事情、または天災事変その他これに準ずるやむを得ない事情により、事業の継続が困難となったとき
(2) 事業の運営上のやむを得ない事情、または天災事変その他これに準ずるやむを得ない事情により、事業の縮小・転換または部門の閉鎖等をおこなう必要が生じ、他の職務に転換させることが困難なとき
(3) 【懲戒事由と適用】規定に定める諭旨退職・懲戒解雇事由に該当する事実があったとき
(4) 精神または身体の障害により、業務に耐えられないと会社が認めたとき
(5) 雇用契約書に定められた始業時刻から終業時刻までの所定労働時間の勤務ができないとき
(6) 業務上負傷または疾病による療養開始後3年を経過しても当該負傷または疾病が治らない場合であって、社員が傷病補償年金を受けているとき、または受けることとなったとき(会社が打切補償を支払ったときを含みます)
(7) 試用期間中の社員が【本採用取消事由】規定に該当したと、会社が認めたとき
(8) 個人番号、その他会社が指定した書類などを会社に提示しないとき
(9) 経験者ということで採用したにもかかわらず、本人が申告した職務遂行能力がないと、会社が認めたとき
(10) 会社が求める営業成績、業務能率または業務品質が不良と会社が認めたとき
(11) 正当な理由なく欠勤・遅刻・早退を繰り返し、社員としての職責を果たし得ないと会社が認めたとき
(12) 社員が服務規律の各規定に反し、改善の見込みがなく、社員として不適当と会社が認めたとき
(13) 暴力団や暴力団員等の反社会勢力と関係があると判明したとき
(14) その他、前各号に準ずるやむを得ない事由があるとき

整理解雇の解雇事由となる。（(1)(2)）

懲戒解雇の解雇事由となる。（(3)）

普通解雇の解雇事由となる。（(4)）

打切補償を受け取るときの解雇規定。詳しくは180ページ。（(6)）

試用期間中の本採用取り消し。（(7)）

普通解雇の解雇事由となる。（(9)）

2 解雇の手続き

解雇予告と解雇制限

■ 解雇予告をする

従業員を解雇するときは、解雇しようとする日の30日以上前に解雇の意思を伝えなければなりません。これが解雇予告です。解雇予告は口頭で伝えてもよいのですが、トラブルを防ぐために文書で通知しましょう。

30日以上前に解雇予告ができない場合は、平均賃金の30日分以上の解雇予告手当を支払わなければなりません。あるいは、平均賃金を支払えば、支払った日数分だけ解雇日を前倒しにして解雇予告をすることができます。

また注意すべきなのは、懲戒解雇の場合も、解雇予告または解雇予告手当が必要であるということです。労働基準監督署から認定を受けた場合は解雇予告や解雇予告手当の支払い義務が免除される、という制度がありますが、実際はあまり活用できません。

■ 解雇制限の期間がある

労働基準法により、解雇できない期間があります。一つは、業務上災害による休業期間(労災による休業期間)とその後30日間です。ただし、これには例外があり、休業補償を受けている労働者が療養開始後３年を経過しても負傷または疾病が治らない場合においては、使用者が**平均賃金**

●平均賃金の求め方(月給制の場合)

平均賃金は、解雇予告手当のほかに、会社都合の休業手当、業務上災害の災害補償、有給休暇中の給与の支払いにも必要になってきます。

$$\text{平均賃金} = \frac{\text{直近の賃金算定期間3か月分の賃金総額}^{*1}\text{(控除前の金額)}}{\text{直近の賃金算定期間3か月間の総暦日数}^{*2}}$$

＊1　賃金総額には臨時に支払われた賃金、賞与を除外する。また、賃金算定期間には、業務上の傷病による療養のための休業期間、産前産後休業期間、試用期間などを含めない。
＊2　総暦日数とは、土日祭日、休日を含めた暦の日数のこと。

の1,200日分の**打切補償**（うちきりほしょう）を行えばこの限りではないと、規定されています。

もう一つは、産前産後休業期間とその後30日間です。ただし、自然災害その他やむを得ない事由のために事業の継続が不可能になった場合で、労働基準監督署に認定されたときは解雇制限がなくなります。

解雇の手続きの規定例

【解雇予告】

第○条　【解雇】規定により解雇する場合は次に掲げる場合を除き、30日以上前に本人に予告し、または平均賃金の30日分の解雇予告手当を支給しておこないます。

解雇予告の原則。

⑴　日々雇用する者

⑵　２か月以内の期間を定めて雇用する者

⑶　試用期間中であって採用後14日以内の者

⑷　就業規則に定める懲戒解雇による場合で、労働基準監督署長の承認を受けた者

⑸　天災事変その他やむを得ない事由のために事業の継続が不可能となった場合で、労働基準監督署長の承認を受けた者

２．前項の予告日数は、予告手当を支払った日数分だけ短縮することができます。

【解雇制限】

第○条　次の各号のいずれかに該当する場合は解雇しません。ただし、第１号の場合において、療養開始の期間から３年を経過しても傷病が治らず、会社が打切補償を支払ったときはこの限りではありません。

⑴　業務上の傷病にかかり療養のために休業する期間およびその後30日間

⑵　産前産後の女性が【産前産後休業】規定により休業する期間およびその後30日間

２．天災事変その他やむを得ない事由のために事業の継続が不可能になった場合で、行政官庁の認定を受けた場合は、前項の規定は適用しません。

3 普通解雇・整理解雇の注意点

解雇を回避する努力をしたかどうか

■ 解雇時には合意書を交わす

解雇時にはトラブルがつきものです。会社側と従業員が解雇の条件で合意しても、後で「言った」「言わない」で紛争に発展することがあります。

そこで、普通解雇や整理解雇では、会社側と解雇される従業員が協議をして、「退職金を含めた解決金はいくら」といった退職の条件を記した**合意書**を取り交わしましょう。双方同意の証しとして、お互いに署名・捺印して1通ずつ保管します。解雇通知書を従業員に渡して済ませるところもありますが、必ず合意書にして双方の署名・捺印が残るようにしましょう。

また、もしも訴えられたときに備えて、人員削減の説明に使った資料、始末書、面談の記録などの証拠は残しておきましょう。

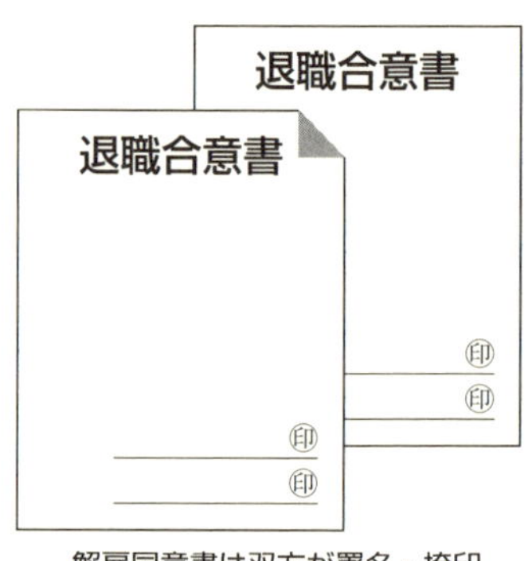

解雇同意書は双方が署名・捺印して1通ずつ保管する。

■ 普通解雇をするときのポイント

普通解雇をするときは、次のようなポイントに注意します。

①解雇事由が就業規則に規定する解雇事由に該当するかどうか

会社が解雇権を濫用したと言われないために、普通解雇の解雇事由を具体的に列挙しておきます。このほかに、なるべく解雇の範囲を広げるために、解雇事由の一つに「その他、前各号に準ずるやむを得ない事由があるとき」と記載します。

②解雇事由が客観的で合理的な理由があり、社会通念上相当と認められるかどうか

客観的で合理的な理由がなく、社会通念上相当であると認められない場合は、解雇権の濫用として解雇は無効となります(労働契約法第16条)。

③解雇を回避する努力をしたか

解雇事由に相当する行為を行ったときにも、「なぜそのようなことをしたのか」「どうすれば改善できるのか」などを検討し、本人に改善するための機会を与えなければいけません。また、可能なら従業員の能力などに応じて教育訓練や配置転換などの回避解雇努力をします。そのうえで改善がみられなければ、解雇することになります。

■整理解雇をするときのポイント

整理解雇は、経営上やむを得ない場合に行う解雇ですが、原則として次のようなことを踏まえなければなりません。

①就業規則に、整理解雇の事由が明示されているか

あらかじめ整理解雇をする場合がある旨を定めておきます。

②整理解雇を回避するための努力をしたか

例えば、給与の引き下げ、配置転換、新規採用の抑制など、整理解雇を回避するための手だてをとったかどうかです。整理解雇までに次のような手順で人員整理を試みます。

○**希望退職者を募る**……従業員へ人員整理が必要な事情を説明し、労使で協議します。希望退職に応募した従業員への退職金、再就職支援などを検討します。

○**退職勧奨を行う**……希望退職者が予定よりも少なければ、退職勧奨をします。いわゆる「肩たたき」で、従業員に退職を誘引することです。退職勧奨は脅迫やパワーハラスメントにならない範囲で行いましょう。

退職勧奨をしても予定通りに人員整理が進まない場合に、ようやく整理解雇を行います。従業員を指名して「辞めてほしい」と伝えるのです。この際にも、再就職の相談にのるなど、整理解雇を指名した従業員への誠実さや配慮が必要です。また、指名した従業員の選び方が妥当だったかどうかが問われることがありますので注意してください。

4 懲戒の規定　基礎知識

懲戒の種類

■ 懲戒処分で会社の秩序を守る

懲戒処分とは、就業規則に違反した従業員に対して行う制裁です。例えば服務規律違反をした従業員を放っておいたままだと、会社の秩序が保てなくなります。そういった事態を防ぐために、服務規律と懲戒処分をリンクさせて、服務規律違反者にはなんらかの懲戒処分を行うようにするわけです。

■ 懲戒の種類

懲戒には次の段階があります。

①**戒告**　口頭または文書で将来を戒めます。「もうこんなことをしてはいけませんよ」と伝えるわけです。

②**けん責**　始末書を取ることで、①の戒告よりさらに強く将来を戒め、反省を促します。

③**減給**　始末書を取り、減給します。ただし、減給の額は、労働基準法で「1回の額が平均賃金の1日の半額、総額が一賃金支払期における賃金総額の1割を超えないもの」と決められています。

④**出勤停止**　始末書を取り、一定期間出勤を停止します。出勤停止期間は賃金を支給しません。

⑤**降給・降格**　職務・職種の変更、職能資格・等級の引き下げ、役職の解任などを行います。それに伴い給与が減額となる場合もあります。

⑥**諭旨解雇**　⑦の懲戒解雇に相当する場合でも、本人が反省をしているときなど情状酌量の余地があるときは、退職届を提出するように勧告する処分です。退職届を提出しない場合は懲戒解雇となります。

⑦**懲戒解雇**　制裁処分のなかで最も重い処分です。原則として予告期間

なく即時解雇をします。ただし、労働基準監督署の認定を受けなければ、通常の解雇の手順と同じ解雇予告あるいは解雇予告手当が必要になります。

制裁の規定例

【制裁の種類】

第○条　社員がこの規則および付随する諸規程に違反した場合は、次に定める種類に応じて懲戒処分をおこないます。ただし、情状酌量の余地があるか、改悛の情が顕著であるときは、懲戒の程度を軽減し、または免除することがあります。

(1)　戒告
　口頭または文書にて、将来を戒めます。

(2)　けん責
　始末書を提出させ、将来を戒めます。

(3)　減給
　始末書を提出させ、1回の額が平均賃金の1日の半額、総額が一賃金支払期における賃金総額の1割の範囲内で減給します。

(4)　出勤停止
　始末書を提出させ、15営業日以内において出勤を停止し、その間の賃金は支給しません。

(5)　降給・降格
　職務・職種の変更もしくは役職を解き、給与を減じます。

(6)　諭旨解雇
　懲戒解雇相当の事由がある場合で、本人に反省が認められるときは、解雇事由に関し本人に説明して退職届の提出を勧告します。従わない場合には懲戒解雇とします。

(7)　懲戒解雇
　原則として予告期間を設けることなく、即時解雇します。この場合において、労働基準監督署長の認定を受けたときは、解雇予告手当も支給しません。

出勤停止は、一般的に7〜15日(休業日を含める)まで。

人事評価による降格とは異なる。

5 懲戒事由と適用

懲戒処分にできるケースを明らかに

■ 懲戒事由は2グループに分ける

「どのような問題行動が、どんな懲戒処分の対象となるか」を**懲戒事由**として明記しておきます。懲戒事由として定められていない事由は懲戒処分にできません。

懲戒の種類ごとに処分の対象となる問題行動を限定するのはやめましょう。例えば、「無断欠勤は戒告に処する」と回数を定めずに規定すると、一人の従業員が何回無断欠勤しても戒告しかできないことになってしまいます。

そこでおすすめしたいのは、戒告処分から降給・降格処分までの処分が軽いグループと、諭旨退職・懲戒解雇の処分が重いグループに分けて、グループごとに懲戒事由を列記する方法です。こうすれば、グループ内で経営者が柔軟に処分を決めることができるので、「無断欠勤が1～2回だったら戒告だが、3回以上続いたら減給にする」などということも可能になります。

服務規律違反と懲戒処分をリンクさせ、どのような
問題行動がどんな懲戒処分になるかを明確にする。

■ 忘れずに懲戒事由と服務規律をリンクさせる

懲戒事由のなかに、必ず「第○章に定める服務規律の各規定に違反したとき」という事由を入れておきます。こうしないと、服務規律違反を懲戒処分にしたくてもできなくなります。懲戒事由と連動させてこそ、整備した服務規定が活きてくるのです。また服務規定の中にも「服務規定に違反したときは、○章に定める懲戒事由として懲戒処分を適用することがあります」という文言を入れて、互いにリンクさせましょう。

懲戒事由の規定例

一つの懲戒行動については１回の処分しかできない。同時に二つ以上の懲戒行動をしたときは、加重の処分ができる。

軽度な処分の懲戒行動でも、程度によっては重度の懲戒処分にする可能性があることを明記しておく。

【懲戒事由と適用】

第○条　次の各号のいずれかに該当する場合は、情状に応じ、戒告・けん責・減給・出勤停止または降給・降格・降職にします。但し、行為の程度が重い場合には、次項に定める処分に処することがあります。

(1)　正当な理由なく欠勤・遅刻・早退・私用外出を重ねたとき

(2)　過失により災害または営業上の事故を発生させたとき

(3)　第３章に定める服務規律の各規定に違反したとき(軽微なとき)

服務規律違反と連動させる。

(4)　ハラスメント行為をおこなったとき(軽微なとき)

(5)　その他前各号に準ずる程度の不都合な行為のあったとき

拡大解釈ができるときに備えて入れておく。

２．次の各号のいずれかに該当する場合は、情状に応じ、論旨退職または懲戒解雇とします。ただし、平素の服務態度、その他情状によっては、前項に定める処分とすることがあります。

(1)　無断もしくは正当な理由なく欠勤が連続14日に及んだとき、または最初の無断欠勤から起算して１年間で通算して14日に及んだとき

(2)　正当な理由なく欠勤・遅刻・早退・私用外出を繰り返し、勤務に誠意が認められないとき

(3)　刑法その他刑罰法規の各規定に違反する行為をおこない、その犯罪事実が明らかとなったとき

(4) 経歴をいつわり、採用されたとき
(5) 故意または過失により、災害または営業上の事故を発生させ、会社に損害を与えたとき
(6) 会社の許可を受けず、在籍のまま他の事業の経営に参加したり、または労務に服し、もしくは事業を営むとき
(7) 職務上の地位を利用し、第三者から報酬を受け、もてなしをうける等、自己の利益を受けたとき
(8) 会社の許可なく業務上金品等の贈与を受けたとき
(9) 前項で定める処分を再三にわたって受け、なお改善の見込みがないとき
(10) 第3章に定める服務規律の各規定に違反したとき

服務規律違反と連動させる。

(11) ハラスメント行為をおこなったとき
(12) 暴力団や暴力団員等の反社会勢力と関係があると判明したとき
(13) 暴行、脅迫その他不法行為をしたことが明らかになったとき
(14) 正当な理由なく、しばしば業務上の指示・命令に従わなかったとき
(15) 私生活上の法違反行為や会社に対する誹謗中傷等によって会社の名誉信用を傷つけ、業務に悪影響を及ぼすような行為があったとき
(16) 会社の業務上の秘密を外部に漏洩して会社に損害を与え、または業務の正常な運営を阻害したとき
(17) その他前各号に準ずる程度の不適切な行為のあったとき

拡大解釈ができるように備えて入れておく。

これも覚えておこう

自宅待機

制裁ではありませんが、服務規程違反を犯した者に対して社内で証拠隠滅を図られるのを阻止するときなどに「自宅待機」という処分を科すことがあります。

自宅待機を命じられた者は所定労働時間中は自宅で待機し、会社が出勤や連絡を求めた場合は直ちに対応できる態勢を整えておくことを明記します。

待機中の賃金については、「休業手当」として平均賃金の60%以上を支給します。

第8章

退職

トラブル例 ①

先日退職したＡが弁護士を通して、「自己都合退職ではなく解雇された」と言ってきています！

自分から「退職したい」とわたしに言ってきたじゃないか？解雇とはどういうことだ！

残業が重なって疲労がひどく溜まっていたときに申し出たとのことで、長時間残業をさせた会社側に非があると言っています。

なにっ！　そんな訴えが成り立つのか？

◉トラブルは退職後に

労務に関するトラブルは、たいてい退職した後に起こります。代表的なのは、退職後に「『自己都合退職』ではなく、『解雇』だ」と訴えてくるものです。退職金が出ない会社も多い昨今、会社都合の解雇を主張することで、慰謝料や解決金を得るのが目的であるようです。

また、退職後に未払い残業代を請求する例や、ケガや病気を理由に退職した後に労災認定を請求してくる例もよくあります。在職時よりは、辞めた後のほうが言いたいことを言いやすいのでしょう。

◉退職時の書類は重要！

会社都合の解雇を主張してくるトラブルでは、退職届があるかないかが勝負の分かれ目になります。要点を押さえた退職届を提出してもらっていれば、自己都合退職がほぼ認められます。➡詳細は193ページへ

退職前に懸念事項がある場合は、従業員と話し合い、合意書締結などを行って懸念を解決しておきましょう。そうすることで、慰謝料を請求してくるようなトラブルはある程度未然に防ぐことができます。退職に際しては、気を抜かずに証拠書類を残しておきましょう。

トラブル例②

社長、一身上の都合で退職します。退職届を持ってきました。

そうか、辞めるのか？　ふむ、退職日は1か月後だな。（やっと辞めてくれたか。営業成績がよくなかったから早く辞めてほしかったんだよな）

で、明日から退職日まで有給休暇を使って休みます。

なに、業務の引き継ぎはどうするんだ！　そんなの許さんぞ！

◉退職時に多い　年次有給休暇のトラブル

退職時のトラブルで多いのが年次有給休暇の取得に関するトラブルです。残っている有給休暇をまとめて取得してくるために業務の引き継ぎなどに支障が出ることが少なくないのです。

労働者には**時季指定**権といって、従業員は好きなときに有給休暇を申請できる権利があり、会社は原則としてこの申請を拒むことはできません（100ページ参照）。会社には、業務に支障をきたす場合は有給休暇の取得時季を変更することが認められています（**会社の時季変更権**）が、そもそも退職間近では変更する日を確保することも難しいのが現実です。

◉退職までに業務を引き継ぎ完了させるには

しかし、だからといって処分ができないというわけではありません。業務を支障なく終えることは従業員の責務です。ですから、会社は就業規則に、有給休暇を使うかどうかに関係なく、従業員は退職までに業務の引き継ぎを完了することを明記しておきます。その責務を果たさない場合は退職金の不支給・減額とする対処も可能です。➡詳細は206ページへ

なお、退職前にまとめて有給休暇を申請してきた場合、有給休暇の残日数について買い取りを提案するのも一考です。

1 退職事由とルール

退職のルールを定めてトラブルを未然に防ぐ

■ 退職の種類

従業員側の事由により労働契約を解除することを**退職**といいます。ただし一方的な意思表示ばかりではなく、退職勧奨で会社と従業員が退職について合意したような場合や、定年時に自動的に退職事由となるような場合なども含まれます。このように退職の範囲は広いので、退職事由は個別に理解しておきましょう。退職事由が効力をもつように、就業規則にも必ず明記しておきます。

退職には主に八つの事由があります。

①**死亡による退職**　従業員が死亡した場合、自動的に退職事由となります。

②**期間の定めのある雇用契約をした者が雇用期間を満了したことによる退職**　有期雇用契約を結んだ契約社員がその契約期間を満了した場合です。

③**自己都合による退職**　従業員からの申し出によって、退職する場合です。

④**定年による退職**　会社が決めた一定の年齢に達したときに退職する場合です。

⑤**転籍による退職**　転籍(転籍出向)に応じた場合です。

⑥**休職期間が満了し、復職できないときの退職**　業務外の原因によるケガや病気などで休職している場合、規定の休職期間が終わっても復職できない場合です。

⑦**欠勤が続いたときの退職**　会社で定めた欠勤期間を超えた場合です。無断欠勤を含めた欠勤が続いたとき、一定期間経過後に自然退職することについては妥当な措置とされています。なお、猶予期間(欠勤期間)は30日～60日が一般的です。

⑧**取締役に就任することによる退職**　取締役に就任すると、従業員としての身分を失います。会社とは雇用契約を解消し、改めて委任契約を結ぶことになります。

■退職時のルールを決めておく

雇用契約を解消する退職には、いろいろなトラブルが潜んでいます。ルールを決めておくことで、未然に防ぐことができるものもあります。職場には次のルールを周知させ、確実に守ってもらいましょう。

1．退職を申し出る期限を定める

自己都合退職の場合、退職予定日のいつまでに退職を申し出るかを定めます。民法では、従業員からの退職の申し出は退職希望日の２週間前までに行なえばよいことになっています。しかし、退職までに業務の引継ぎなどを終えることを考えると、２週間前では短すぎるでしょう。

そこで、会社独自で退職を申し出る日の期限を定めておくようにします。遅くとも退職希望日の１か月前には退職を申し出てもらうよう記載するのが現実的でしょう。

2．退職日を定める

退職日がいつだったかをめぐってトラブルに発展することがあります。「退職日」がいつとなるかを明確にしておきましょう。一般的に、退職事由によって退職日は次のように解釈されます。

●退職日

① 死亡による退職	死亡した日
② 期間の定めのある雇用契約をした者が雇用期間を満了したことによる退職	期間満了日
③ 自己都合による退職	本人が明示した退職希望日
④ 定年による退職	定年に達した日
⑤ 転籍による退職	転籍日の前日
⑥ 休職期間が満了し、復職できないときの退職	休職期間満了日
⑦ 欠勤が続いたときの退職	規定の期限が経過した日
⑧ 取締役に就任することによる退職	取締役就任日の前日

3．退職届を提出してもらう

退職の申し出は、「従業員からの退職届の提出をもって成立する」と規定します。退職届は、従業員の退職の意思を表す重要な書類です。どのような事由の退職であろうと、必ず提出してもらうようにしましょう。

もし口頭のみで自己都合退職の申し出を受け付けた場合、元従業員が退職後に「自己都合ではなく、事実上の解雇だった」と言い張れば、話がこじれてくることも考えられます。しかし、従業員からの退職の意思を示す退職届があれば、反証ができるのです。

●退職届

退職届

私事

このたび一身上の都合により、
平成○年○月○日をもって退職いたしたく、
ここにお願い申し上げます。

平成○年○月○日
総務部総務課
○○○○ 渡辺

株式会社○○○○
代表取締役 ○○○○ 殿

本人が書いたことを示すために、退職届は手書きで書いてもらいましょう。もしくは会社の作った退職届のひな形に、**退職日、氏名、提出日**を自署で入れて印鑑を押してもらうようにします。

4．退職時までに業務の引き継ぎを終えさせる

退職を限りに従業員としての身分を失うのですから、退職時までには必ず業務の引き継ぎを終えるようにします。会社は就業規則に、従業員は退職までに業務の引き継ぎを完了することを明記し、その義務を果たさない場合は懲戒処分の対象となることも記しておきましょう。

5．退職時に会社に返還させる

退職時に提出する書類や、必ず返還してもらうものを決めて、リストをつくっておきましょう。退職時には社会保険の喪失届などの手続きがいくつもありますので、そのための書類は早めに提出してもらいます。制服やパソコンなど貸与していたものも返還してもらいます。

また、後の項でもくわしく説明するように、退職の際に機密情報を持ち出されることのないように、顧客リストや名刺、データ、機密書類などは残らず返還してもらいましょう。

退職の規定例

【自己都合退職】

第○条　社員が自己の都合により退職しようとする場合は、少なくとも１か月前までに退職届により申し出をしなければなりません。

２．やむを得ず退職を口頭で意思表示した場合、会社は口頭により承認または退職の承認通知書を交付することにより退職の申し出を受理したものとします。

３．退職届を提出した場合は、会社の承認があるまでは従前の職務に服さなければなりません。また、いったん退職届を提出した場合または口頭で申し出て、会社の承認があった場合には、退職の日付を変更したり、退職の意思表示を撤回することはできません。

４．退職届を提出した場合は、退職までの間に必要な業務の引継ぎを完了しなければなりません。引継ぎを適切に完了しない場合は、その状況に応じ懲戒処分を実施する場合があります。

業務の引継ぎを完了しない場合は、懲戒事由の対象となることを定めておく。

【貸与品の返還】

第○条　社員が退職する場合、会社からの貸与品およびその他の債務を退職日までに完納しなければなりません。

２．退職する者は、業務で使用した資料等全ての書類および電子データを会社に返納しなければなりません。また、会社の許可なくこれらの資料を社外に持ち出したり、廃棄してはなりません。

３．社員が退職し本人または遺族等から請求があった場合は、社員としての身分を喪失した翌日から７日以内に、その者の権利に属する金品はこれを支払います。ただし、金品に関しての争いのある場合は異議のない部分を支払います。権利者の順位は法令の定めるところによります。

４．退職する者は、退職届と退職時の合意書を提出しなければなりません。

2 定年退職と高年齢雇用確保措置①

65歳まで従業員の雇用確保を義務づけられた

■ 定年退職する日は会社が規定する

一定の年齢期間に達した従業員を退職させる制度を**定年制度**といいます。定年年齢は60歳以上でなければなりませんが、定めた年齢のどの期日を「定年退職日」とするかまでは定めていません。ですから、定年退職日は会社が規定することになります。この定年退職日をきちんと規定していないと、賃金の計算期間などについて会社側と従業員との間で認識が違ってくることがありますので、注意してください。

定年退職日には①定めた年齢の誕生日当日、②定めた年齢の誕生日の属する給与計算期間の賃金締切日、③定めた年齢の誕生月の末日、といった定め方があります。

なかでも②定めた年齢の誕生日の属する月の賃金締切日は賃金の計算がしやすく、同じ月に複数の対象者がいても、一緒に処理できるという利点があり、よく採用されている定め方です。

●同じ定年年齢でも退職日の決め方はいろいろ

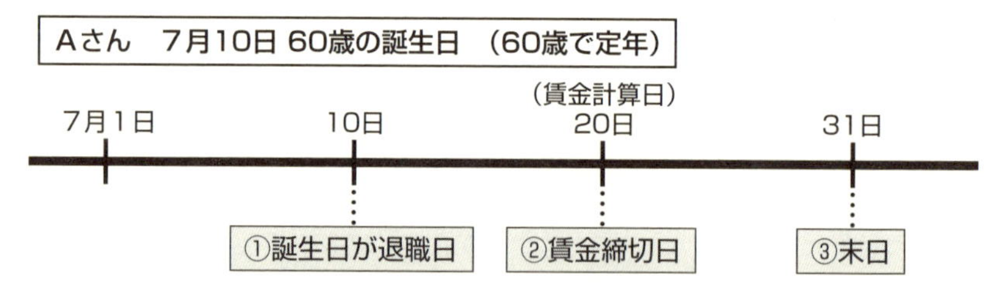

■ 従業員の雇用を65歳まで確保する措置

高年齢雇用確保措置といって、法令で従業員の雇用を65歳まで確保することが義務化されています。

会社は三つの措置からいずれかを選択することになります。

①定年の定めの廃止

定年制を廃止し、意欲がある限り働き続ける制度です。

②定年の引き上げ

定年を65歳以上まで引き上げる制度です。

③継続雇用制度

定年の年齢は60歳であるが、定年後も引き続き従業員を雇用する、という制度で、**再雇用制度**と**勤務延長制度**の二つの制度があります。詳しくは次項で説明します。

定年の規定例

【定年】

第○条　定年は60歳の誕生日の属する給与計算期間の末日とし、その翌日社員としての身分を失います。

これも覚えておこう

世代交代のための役職定年

通常の定年ではありませんが、「定年」という名のつくものに「役職定年」があります。役職者が一定の年齢に達したら役職を外すという制度です。耳慣れない言葉ですが、役職者の若返りを図り、職場を活性化させる規定として注目度が高まっています。就業規則では、異動の規定に盛り込むのが適当でしょう。

役職定年の規定例

【役職定年】

第○条　一定の役職に就く者は、会社が定める一定の年齢に達した段階で、当該役職を離脱し後進に道を譲るものとします。

2．役職者の定年年齢は、段階に応じて次の通りです。

(1)　部長：57歳

(2)　課長：55歳

(3)　係長：53歳

3．本条の規定により役職を解かれた者の賃金その他労働条件については、職務内容に応じて見直しを行なう必要があります。

3 定年退職と高年齢雇用確保措置②
導入しやすい再雇用制度

■人件費がかさむ定年の引き上げと定年の廃止

前項で紹介した、高年齢雇用確保措置の三つの方法のうち、中小企業として導入しやすい措置を検討していきましょう。

まずは、定年を65歳以上まで引き上げる**定年の引き上げ**はどうでしょうか。定年を引き上げるということは、賃金などの労働条件も原則として定年まで変更が認められません。また、退職金の計算期間も延長されます。人手不足の昨今、少しでも長く働いて欲しいものではありますが、一方で人件費の問題で中小企業は体力がもたない可能性もあります。

同じように、**定年の定めを廃止**するのも、あまり現実的ではないでしょう。

■継続雇用制度　再雇用制度と勤務延長制度の違いは

残りの一つ、**継続雇用制度**は定年は60歳のままですが、本人の希望があれば定年後も引き続き雇用するという制度です。これには次の二つのタイプがあります。

●継続雇用制度

①再雇用制度	定年になった従業員はいったん退職し、会社との雇用契約を解消します。その後新しい労働契約を結びます。以前とは異なった身分、労働時間、賃金などの条件を設定することができます。
②勤務延長制度	定年になった従業員は退職せずに、雇用契約を継続します。雇用契約は原則として変更しませんが、従業員が同意した場合に限り、個別に身分、労働時間、賃金などの労働条件を変更することができます。

どちらも定年を変えず60歳でいったん退職金を支払って清算するという点は同じです。大きく違うのは、雇用契約を一新するか、そのまま継続するかという点です。再雇用制度では雇用契約を一新し、会社側が従業員に対してパートタイマーや嘱託などの働き方を提示することができ

ます。勤務延長制度では原則として同一条件で雇用することになります。

こうして見ると、人件費を抑えるという点では再雇用制度が導入しやすいといえます。ただし、再雇用制度では労働条件が変わることを就業規則に書いておかないと、定年以前と同じ条件で働き続けることができると誤解する従業員もいるので注意しましょう。

■ 継続雇用制度の対象者とは

高年齢者雇用安定法の改正により、平成25年4月1日以降、原則として希望者全員を再雇用制度の対象者としなければならなくなりました。

ただし、平成25年3月31日までに継続雇用制度の対象者を限定する基準を労使協定で設けている場合には、経過措置として次表の年齢以上の従業員に対しては、従来どおり継続雇用制度の対象者を限定する基準を適用することができます。

平成25年4月1日から平成28年3月31日まで	61歳
平成28年4月1日から平成31年3月31日まで	62歳
平成31年4月1日から平成34年3月31日まで	63歳
平成34年4月1日から平成37年3月31日まで	64歳

再雇用制度の規定例

【再雇用の対象者】

第○条　会社は、定年に達した社員が継続雇用を希望した場合、65歳に達するまでを上限として、再雇用の対象者とします。

【再雇用契約の成立】

第○条　定年以後に再雇用する場合、定年および契約更新の際に、賃金・労働時間の調整等の勤務条件を新たに提示します。これに社員が合意した場合に再雇用契約が成立するものとします。

2．継続雇用をする場合は、原則として1回の契約期間を12か月以内とする嘱託社員として再雇用し、以後、有期契約社員就業規則を適用します。

3．再雇用契約の勤務条件は、個別の雇用契約書により定めます。

雇用契約を一新することを明示する。

パートタイマー、嘱託社員など新しい働き方を提示する。

4 契約社員の退職

契約社員の雇止めに注意

■ 契約社員の雇止めが無効になるときは？

期間の定めのある雇用契約を**有期雇用契約**といいます。また、有期雇用契約を結んだ契約社員との契約期間が満了する際、会社側が更新を拒否することを**雇止め**といいます。この場合、契約期間の満了をもって退職となります。

雇止め自体に問題はありません。しかし、有期雇用契約が過去に何度も更新されていて、事実上「期間の定めのない雇用≒正社員」であるとみなされる場合に雇止めを行うと、事情は違ってきます。正社員の不当解雇と同じように、「客観的に合理的な理由を欠き、社会通念上相当であるとは認められない」として「雇止めは無効」とされます。

また、会社側が雇用継続を匂わせるような言動をした、同じような地位にある従業員がこれまで契約を自動更新されていたなど、従業員が次回も更新されると期待するような合理的な理由があった場合にも、雇止めは無効になります。

■ 雇止めの判断基準を示し　更新の期待を持たせない

このようなことを防ぐために、有期雇用契約を結ぶ契約社員向けの就業規則を作成し、そこで有期雇用契約を更新する場合の判断基準を明記しておきましょう。

契約時にはあらかじめ従業員に雇止めの判断基準を示し、更新の期待を持たせないために「原則として契約は更新しない」ことを伝えます。それらの同意を得たうえで有期雇用契約を取り交わすようにしましょう。

また、契約更新の限度回数を決めておくことも有効な方法です。

そして契約期間満了で退職となるときは、契約満了日の30日以上前までに雇止めの予告をするようにします。

●契約社員の雇止めが無効となるとき

- 更新を繰り返して、正社員と同様であるとみなされるとき。
- 従業員が次回も更新されると期待するような合理的な理由があったとき。

↓

対策

- 正社員との違いを明らかにする。
- 従業員に更新の期待を持たせない。

- 契約時に雇止めの判断基準を示す。
- 契約期間満了時は「原則として更新しない」と明示する。
- 正社員との業務の内容の差別化を図り、正社員との処遇の違いを明らかにする。
- 正社員への登用制度を設ける。
- 契約更新の限度回数・期間を決めておく(例：「5年を超えない範囲で」など)。
- 契約満了日の30日前までに雇止めの予告をする。

■ 有期雇用契約が5年を超えると期間の定めのない社員に

平成25年4月以降を起算として有期労働契約が通算して5年を超える場合には、労働者からの申出により、期間の定めのない労働契約(無期労働契約)に転換されることになりました。

有期契約社員が無期転換を申し出た時点で、雇止めすることができず、無期労働契約に切り替えなければなりません。しかし、逆に言えば、優秀な人材は5年の経過を待たずに積極的に正社員に登用するなど、今後の雇用計画を見直す機会であると考えるべきでしょう。

5 退職後の競業避止と機密保持

入社時に誓約書を提出してもらう

■ 競業避止義務が認められる条件

自社を退職した従業員が、自社と競合する同業他社に転職した——。こういったことを防ぐことはできるのでしょうか。

退職した従業員が競合する他の会社に転職したり、同業の事業を立ち上げたりすることを禁止するのが**競業避止**です。ですが、憲法で保障している権利に「職業選択の自由」がありますから、基本的には退職後、どこでどんな会社に転職しようが、どんな事業を立ち上げようが自由です。それらを妨げることはできません。

ただし、過去の判例では、

①就業規則に競業避止を定めている
②本人が、店長や執行役員など、在職中にある程度の権限を持ち、企業秘密を知りうる立場にある
③退職金の上積みなど、競業避止義務と秘密保持の代償として特別な手当などを支給(代償措置)している
④競業避止を定めた誓約書を作成している
⑤就業する(自営する)地域、期間、職種について限定している

以上の条件がそろっていた場合に、競業避止義務が認められました。

つまり、一般の従業員には通用しない規定ですが、ある程度のポジションの人には条件を満たしていれば効果が期待できます。

■ 機密保持義務違反には損害賠償を請求する

従業員が退職時に顧客名簿や機密情報を持ち出して、再就職先でそれを活用すれば会社は多大な損害を受けることになります。また、機密情報が外部に漏れたことが知れ渡れば、会社の社会的信用も失墜します。

このような活動はそもそも法律に違反し罰せられる可能性がありますが、誓約書として、退職後も機密保持を厳守することを確約させましょう。機密保持と競業避止には共通する点があるので、同じ誓約書にまとめてもよいでしょう。万が一これらの義務を果たさなかった場合は、損害賠償を請求することを誓約書にも就業規則にも明記します。

■ 入社時に交わした誓約書は有効

競業避止義務も機密保持義務も、退職間近に誓約書をとろうとすると、拒否する従業員が出てきます。誓約書にサインしない場合は、懲戒処分を行なうという方法もありますが、もっと確実な方法は、入社時に競業避止義務や機密保持義務を守ることを約束した誓約書を提出してもらう方法です。

つまり、入社時には退職のことを見越して誓約書や合意書を書いてもらうのです。何年も前に署名したものであっても、誓約書や合意書の効力は失われません。

競業避止・機密保持の規定例

【退職後の競業避止】

第○条　退職後は原則として1年以内に、本店および支店の所在する都道府県内において、同業他社へ就職、役員の就任ならびに同業の自営をおこなわないように心がけなければなりません。

2．会社は、退職する社員と、退職後において同業他社への就職、役員の就任ならびに同業の自営をおこなわない旨の合意を締結する場合があります。

3．競業避止の合意を結ぶ場合には、期間・場所的範囲・内容・これに対する代償措置について個別に定めるものとします。

> 効力を持たせるには、条件を満たした誓約書を交わすこと。

【退職後の責任】

第○条　社員は退職後も、在職中に知り得た会社の機密を漏らしてはなりません。

2．職務上で知り得た業務上の機密を外部に漏らし、会社に損害を与えた者には、その損害の程度に応じて損害賠償を請求します。

> 退職後の機密保持は、誓約書をとるとともに就業規則に明記しておく。

6 退職金制度①

従来の制度を見直して経営の負担にならない制度に

■ 退職金が経営を圧迫していないか？

景気の右肩上がり、物価の上昇が続いていた高度成長期に退職金制度を導入して以来、いまだにそのままの形で続けている会社は少なくありません。退職金には、そもそも未来への債務を負うというリスクがあります。知らないうちに退職金制度が会社の経営を圧迫しているかもしれません。そこで、退職金制度を廃止することも視野に入れて、見直してみることをおすすめします。

■ 退職金制度の廃止・変更は消極的選択ではない

強調しておきたいのは、退職金制度の廃止・変更が、必ずしも消極的選択ではないということです。消極的選択とは、会社の経営状況が悪い、労働条件が悪化した、人件費を抑制したい、そのために「しかたがないから」退職金を廃止するという考え方です。

そうではなく、会社を取り巻く価値観が変化しているなかで、退職金についての考え方も変わってきているのです。以前は、従業員の老後の資金までを会社が運用して面倒をみるのが当然だ、という考え方がありました。今は、従業員が自らの責任で自らの老後の資金を運用するものだという考え方に変わってきています。

例えば「退職金の前払い制度」もそうした考えからきています。本来退職金に充てる原資を在職中に賃金や賞与として支給し、その運用は従業員本人に任せるものです。この制度は、中小企業も選択肢の一つとして検討してもよいでしょう。

つまり、退職金とはあくまでも人件費の分配方法の一つであり、退職金制度を廃止することは、退職金への配分をなくし、その分を月々の賃金や賞与に重点分配することだという見方ができるのです。

■ 退職金制度の利点とは

一方で、従来からある退職金制度の良さも否定できません。大企業で失われた家族的経営は、中小企業だからこそ実践できるもの。そのために、金額が多い少ないという問題ではなく、「気持ち」として退職金制度を残すという考え方ももちろんあるでしょう。

また、退職金制度があるということは、従業員のことを親身に考えた会社だとして、人材を採用するときに有利に働きます。

そして、退職金はときに「手切れ金」としての機能も果たします。資金面に限界がある中小企業にとって、多額の損害賠償金を請求されることは経営上致命的です。しかし、退職金を支払うことで、さまざまな理由で従業員に退職を促すような場合でも、円満に解決しやすいのです。

このようなことのほかに将来にわたって退職金制度が経営の負担にならず、また従業員のモチベーションアップにつながって確実に利益に貢献していると考えるなら継続するという選択もあります。または、現行の退職金制度を見直して、そのような「持続可能＋会社の利益貢献型」の退職金制度に変更するという方法もあります。

●退職金制度の必要性を検討する

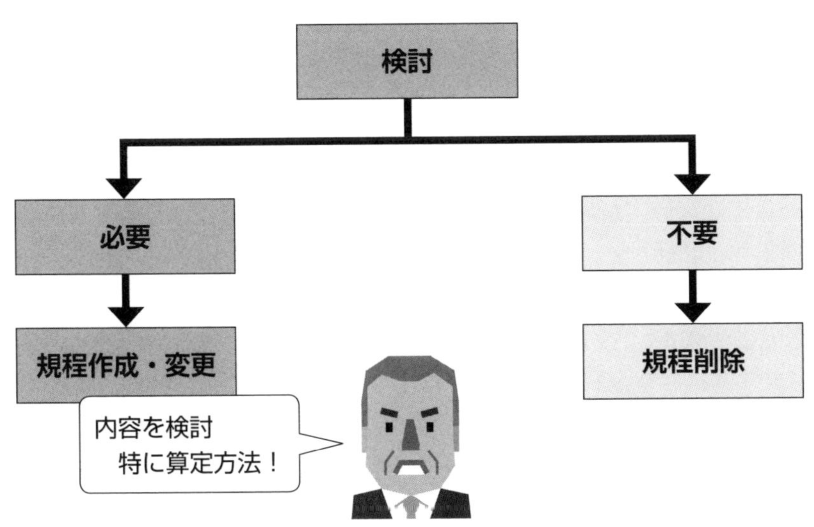

7 退職金制度②
退職金規程の廃止の仕方・変更の仕方

■ 退職金規程を廃止する場合

前項のように退職金の必要性を検討した結果、退職金制度を廃止する場合は、従業員の了承を得て退職金制度の廃止を行わなければなりません。就業規則の不利益変更にあたるからです。

ただし、経営者には「会社の創成期をともにがんばってきたから退職金を払いたい」「大きな功績を上げたから、退職金をあげてねぎらいたい」と思うような従業員が少なからずいると思います。そんな人には退職金規程がなくても退職金を支給してもかまいません。また、退職金規程を廃止する場合でも、「20××年○月○日時点で在職中の従業員には、従前の退職金規程による退職金を支給する」というように、既得権を保護しつつ、将来に向かって廃止する、という方法もあります。

■ 残す場合は、退職金の返還も考慮して規程をつくる

退職金制度を維持する、または持続可能な制度に変更する場合、不利益変更にあたるときは従業員の了承を得ます。

なお、退職金規程には次のことを記載しなければなりません(**相対的必要記載事項**)。

①対象者

正社員のみにするか、パートタイマーなども含めるかを明記します。対象者の線引きをしておかないとトラブルの元になります。

②支給条件

支給するかどうかを判断する勤続年数、懲戒処分の有無などを定めます。退職前に業務の引き継ぎが完了しなかったなど、退職時にトラブルが多いので、退職時のルールを守って会社に迷惑をかけずに退職したかも支給条件の対象に入れましょう。

退職金を支給した後に、在職時の情報漏えいが発覚したり、止められ

ている競合他社への転職をしたりすることがあります。このような不正な行為への対処法として、「支給した退職金を返還してもらう場合」を定めておきましょう。

③計算方法

退職金の算定方法を記載します(規定例は211ページ)。

④支払い方法・支払い時期

いつ、どんな方法で支払うかを記載します。

退職金の規定例

トラブルの多い退職時の業務の引き継ぎを支給要件としてもよい。

【退職金】

第○条　次の各号の要件を全て満たす者に、退職金を支給します。

⑴　満5年以上勤務して退職する者
⑵　退職日までに会社が定める業務の引継ぎを完了させ、会社の承認を得た者
⑶　退職日までに会社に下記の書類を提出した者
　・退職届
　・退職時に関する合意書
　・その他会社の指定する書類
⑷　就業規則に定める退職に関するルールを遵守したと会社が認めた者
⑸　取締役会の承認があった者
⑹　就業規則により懲戒解雇をされていない者
⑺　退職後、支給日までの間において在職中の行為につき、懲戒解雇に相当する事由が発見されなかった者

2．退職金の支給後に前項に該当する事実が発見された場合、または会社に不利益を与えることを目的として退職したことが判明し、会社に損害を与えた場合は、会社は支給した退職金の全部または一部の返還を当該社員であった者または前条の遺族に求めます。

支給後に不正が発覚したり行なわれた場合の「退職金の返還」を明記する。

8 退職金制度③

退職金の算定方法を選ぼう

■ 従来の算定方法のメリット・デメリットは

退職金の算定方法が、退職金制度の効果、金額を大きく左右します。一般的には、次の三つの算定方法が採用されています。それぞれ一長一短があるので見ていきましょう。

●退職金の算定方法

①基本給連動型	退職時の基本給に勤続年数を加味した算定方法。
②ポイント積み立て型	毎年の人事評価(ポイント)を積み立てて最後に金額に換算する方法。
③勤続年数連動型	勤続年数に応じて定額で支給する方法。

まず、①の**基本給連動型**は、管理方法が簡単という利点があります。ただし、長く勤務しているだけで退職金が自然と増加するので、従業員のモチベーションアップにはあまり役立ちません。「退職時に基本給を高くしておこう」という意識はもつかもしれませんが、普段の勤務努力への効果は少ないでしょう。

②の**ポイント積み立て型**は、近年導入件数の高い制度です。勤続年数、年齢、職能給などの要素ごとに毎年ポイントを付与し、退職時にそのポイント累計にポイント単価を乗じた額を退職金とする制度です。例えばポイント累計が500でポイント単価が1万円とすると、退職金は500ポイント×10,000円＝500万円となります。

このポイント制は、毎年のポイントを累計することで勤続年数を、職能等級でポイントを加減することによって能力や実績をそれぞれ反映できるというメリットがあります。ただ、職能等級表などの人事制度を構築しなければならず、運用面で中小企業にとっては導入が難しいという面があります。

③の**勤続年数連動型**は、計算方法が簡単な半面、勤続年数だけを考慮しているので従業員のモチベーションアップにはほとんど効果がありません。

●算定対象

①基本給連動型

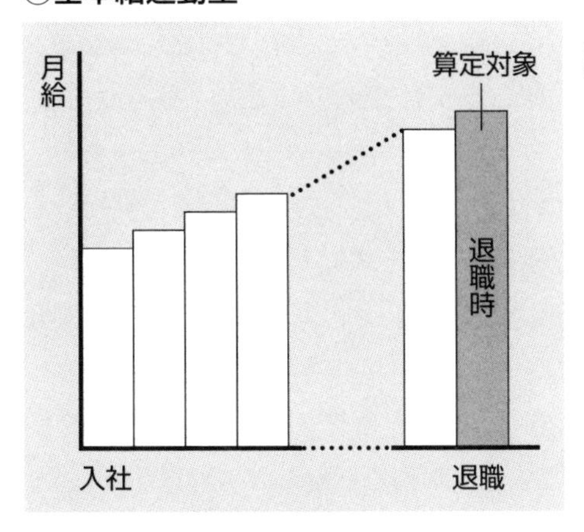

特徴

- 年功重視（最終基本給重視）。
- 退職時のみ算定対象で、他の年の功績が評価されない。
- 従業員のやる気アップには役立たない。

②ポイント積み立て型

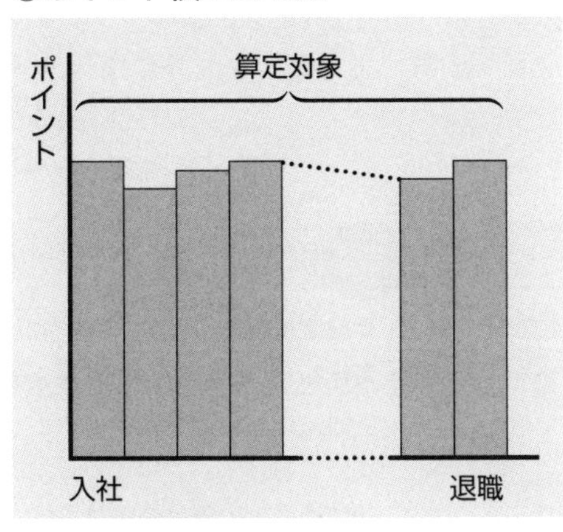

特徴

- 貢献度重視型
- 入社から退職までが算定対象。
- 年ごとに功績や実績によってポイントが積み上げられるので、従業員のやる気がアップする。
- 人事制度が複雑になり、中小企業には導入や運用のハードルが高い。

③勤続年数連動型

退職金＝勤続年数×一定額

特徴

- 勤続年数重視型
- 勤続年数に一定額を乗じて退職金を算出する。
- 計算方法が簡単。
- 従業員のやる気アップには役立たない。

■ やる気を引き出し管理コストがかからない「年収比例積み立て方式」

前述の三つの退職金制度のうち「退職金の存在が会社の利益につながる＝従業員のモチベーションアップ」という点では、「ポイント積み立て型」が最適です。しかし、運用面で中小企業には高いハードルがあります。

そこで、従業員のモチベーションをアップし、運用も容易な制度としておすすめしたいのが、**年収比例積み立て方式**です。毎年の年収の何パーセントかを乗じた額(定率)を積み立てていき、退職時にその積立累計を退職金として支給するのです。

毎年退職金を積み立てていくので、勤続年数によって確実に退職金が増えます。計算方法はシンプルですし、事務負担も年収の管理だけです。給与を功績と連動させていれば、功績アップが年収アップにつながり、結果として退職金が増えるので、従業員のモチベーションも高まります。

給与に個々の業績が重視される傾向が強まるなか、検討してはいかがでしょうか。

●年収比例積み立て方式

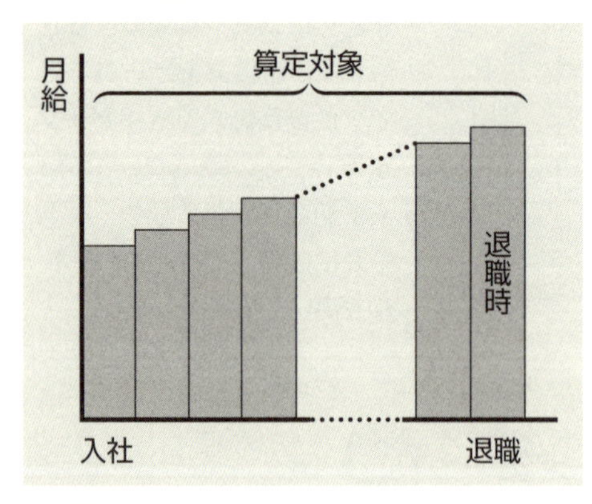

特徴

- 貢献度重視型
- 入社から退職までが算定対象。
- 年収に応じた退職金が積み上げられる。
  →功績重視の賃金体系なら従員のやる気がアップ。
- 計算方法、運用方法が比較的簡単

計算方法

①　　年収×○%＝積立額

←これを毎年積算していく。

↑ 過去の退職金水準などと比較して任意で決める

退職金 ＝ ①の積立額 × 退職事由係数

退職金額の規定例

年収比例積み立て方式

【退職金額】

第○条　退職金は下記計算式に基づき毎期毎に計算し、在職期間中の累計額に次条に定める退職事由別係数を乗じて計算した額とします。なお、年収の累計は60歳到達月までとし、それ以降についての年収は累計しません。

退職金額＝年収× ５％

２．前項の規定において、年収とは決算期間１年間におけるすべての給与の合計とします。ただし、通勤手当、出張手当、慶弔見舞金その他臨時的に発生する賃金や福利厚生は除きます。

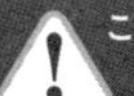

これも覚えておこう

退職事由別係数の決め方

退職金の算定では、最後に退職事由を勘案して乗じる方法がよく用いられています。その際、従業員の自己都合退職よりも会社都合退職のほうを高く設定していることが多いようです。弁償的な意味があるのでしょうが、一度見直してみてはいかがでしょうか。

会社都合退職は、従業員に退職してもらうくらいなのですから経営状態が悪化している恐れがあります。出費はできるだけ抑えたいはずです。したがって、会社都合退職より自己都合退職のほうを高く設定するのが現実的ではないでしょうか。

【退職事由別係数】の例

退職事由	係数
定年による退職	1 （勤続20年以上の者は定年による退職とみなす）
定年以外による自己都合退職	0.5
定年以外による会社都合退職	0.3

自己都合退職の係数のほうが会社都合のそれより高く設定するのもアリ。

まだある！ 解雇・退職時のトラブル

Column

●「賃金仮払いの仮処分」に注意！

これまでに解雇や退職にまつわるトラブル例は繰り返し説明してきました。あと一つ付け加えておきたいトラブルが、**賃金仮払いの仮処分申請**です。退職した、あるいは解雇した元従業員が、「退職ではなく解雇だ」「解雇は不当だ」と主張し、解雇の無効と復職を求めて民事訴訟を起こした場合に起こるトラブルです。

この訴訟では、判決が出るまでに1年前後かかります。元従業員はその間の生活費を確保するために、訴訟を起こす前に「賃金仮払いの仮処分」を裁判所に申し立てることがあります。裁判所が仮処分を認めると、会社は従業員に対して「仮に」賃金を支払い続けなければなりません。

●「解雇無効」となった場合、会社が負うのは？

判決が出て解雇が有効だとされれば、会社が支払った仮払い賃金は返還してもらえます。しかし、その仮払い賃金はすでに生活費として使われてしまい、事実上、返還されないことが多いのです。また、解雇が無効だとされれば、さらに「解雇日」までさかのぼって仮払いとは別に、本来の賃金を支払わなければなりません。つまり、賃金の二重払いを強いられるのです*。

このように「賃金仮払いの仮処分」が認められれば、判決の結果に関わらずかなりの金銭的損失を覚悟しなければなりません。仮処分が出た場合、会社は和解も視野に入れて早急に解決する策を検討するべきでしょう。

＊後で「不当利得返還請求訴訟」を起こし、仮処分で支払った賃金の回収が認められることがある。しかし、この場合も返還が難しいことが多い。

巻末資料

就業規則 サンプル

前文

この規則は、株式会社○○○○（以下「会社」という）の企業目的を達成するため、会社と従業員とが相互信頼の上に立ち、従業員の福祉の向上と社業の発展を目的として制定するものです。従業員は、会社の方針を尊重してこの規則を遵守し、業務に専念して社業の発展のために努めなければなりません。

第1章　総則

第1条　【目的】

この規則は、会社と従業員の服務と労働条件その他、就業に関する事項を定めたものです。

第2条　【従業員の種類】

従業員の種類は次のとおりとします。

⑴　正社員

【採用選考】規定に定める採用に関する手続きを経て、期間の定めなく正社員として雇用される者をいいます。

⑵　契約社員

中途採用される社員で、雇用期間を１年以内と定めて、かつ１日の勤務時間が正社員と同じに雇用される者をいいます。

⑶　パートタイム

雇用期間を１年以内と定めて雇用される者で、週の所定労働日数または１日の勤務時間が正社員の基準に満たない者をいいます。

⑷　嘱託社員

定年により退職した社員で、一定の要件を満たし再雇用される者、または定年を超えた年齢で雇用される者をいいます。

⑸　その他特殊雇用形態者

上記に当てはまらない特殊な雇用形態で採用される者をいいます。

第3条　【適用範囲】

この規則は、前条に規定する正社員（以下「社員」という）に適用します。ただし、労働基準法第41条に規定する監督もしくは管理の地位にある者については、労働時間、休憩および休日に関する規定を適用しません。

2．契約社員、パートタイム、嘱託社員、その他特殊雇用形態者についてはこの規則を適用しません。契約社員、パートタイム、嘱託社員、その他特殊雇用形態者は、『有期契約社員就業規則』および個別に定める雇用契約書を適用します。

第4条　【労働条件の変更】

この規則およびその他諸規程に定める労働条件および服務規律等については、【規則の変更】規定に基づき変更することがあります。

第5条　【遵守義務】

社員はこの規則を遵守し、その職務を誠実に遂行しなければなりません。

第2章　採用・異動

第1節　採用

第6条　【採用選考】

会社は入社を希望する者のうち、次の書類を提出し、書類審査、面接試験、その他一定の会社が必要とする選考審査に合格した者を採用します。選考に際して学歴・経験・健康等およびその他の事項について不正な申告をした場合には採用内定後であってもその採用を取り消すことがあります。 ただし、会社が認めた場合は、その一部を省略することができます。

⑴　履歴書（提出前3か月以内の写真貼付で自筆に限る）
⑵　健康診断書（3か月以内に受診したもので内容は会社指定のもの）
⑶　最終学校の卒業（または卒業見込）証明書および成績証明書（新規卒業者のみ）
⑷　職務経歴書（中途採用者のみ）
⑸　各種免許証などの資格証明書（会社の請求があった場合）

⑹　前職の退職証明書

⑺　事前確認書

⑻　健康告知書

⑼　その他会社が指定した書類

第７条　【採用内定時の提出書類】

社員として内定を受けた者は、採用選考時には未提出であった会社が指定する書類（選考の際に提出済みのものを除く）のほか下記の書類を、会社が指定する日までに提出しなければなりません。会社からの督促にもかかわらず提出しない場合は、その状況を踏まえ、内定を取り消す場合があります。

⑴　雇用契約書

⑵　入社誓約書

⑶　身元連帯保証書（保証人は２名とし、近隣県内に居住する独立の生計を営む成年者で配偶者以外の会社が認める者）

⑷　健康診断書（３か月以内のもの。なお、選考時に提出した者は不要）

⑸　住民票記載事項証明書

⑹　通勤経路届（兼通勤手当支給申請書）

⑺　自動車運転免許証の写し

⑻　自動車検査証（車検証）写しおよび自動車保険証券写し（通勤もしくは業務で自家用車の使用が予定される者に限る）

⑼　運転経歴に関する証明書（無事故・無違反証明、運転記録証明書、累積点数等証明書、運転免許経歴証明書）

⑽　新入社員諸事項届出書

⑾　その他会社が指定した書類

２．内定通知書を受け取った者が、内定承諾書を所定の期限までに提出しない場合には、内定が辞退されたものとして扱います。

第８条　【内定取消事由】

採用内定者が次の各号のいずれかに該当する場合は、内定を取り消し、採用しません。

⑴　卒業や資格、免許取得など採用の前提となる条件が達成されないとき

⑵　前号のほか内定通知書に記載された条件が達成されないとき

⑶　入社日までに健康状態が採用内定日より低下し、勤務に耐えられないと会社

が判断したとき、または事実を記載しなかったとき
(4) 履歴書・職務経歴書・事前確認書・健康告知書など採用選考時の提出書類の記載事項に偽りがあったとき
(5) 採用内定後に犯罪や破廉恥行為等その他社会的に不名誉な行為をおこなったとき、または、採用選考時に過去の犯罪や破廉恥行為等を秘匿していたとき
(6) 内定決定時より、本採用に応じられないほど経営環境が悪化、事業の見直しなどがおこなわれたとき
(7) 暴力団や暴力団員等の反社会勢力と関係があると判明したとき
(8) 本人承諾のもと信用調査をおこない、その結果採用することが適当でないと会社が判断したとき
(9) その他上記に準じる、またはやむを得ない事由があるとき

第9条 【採用決定者の提出書類】

社員として採用された者は、採用後10日以内に次の書類を提出しなければなりません。ただし、会社が指示した場合は、その一部を省略することができます。
(1) 健康診断書（3か月以内のもの。なお、選考時に提出した者は不要）
(2) 年金手帳（取得者のみ）
(3) 雇用保険被保険者証（取得者のみ）
(4) 源泉徴収票（本年中に給与所得があった者に限る）
(5) 給与所得の扶養控除等申告書
(6) 口座振込依頼書
(7) マイナンバー通知カード（写し）および本人確認書類（写し）
(8) その他会社が提出を求めた書類
2．前項の書類を提出しない場合は、本採用することはありません。また、督促をしたにもかかわらず、正当な理由なく期限までに提出しなかった場合は、採用を取り消すことがあります。
3．第1項の提出書類の記載事項に変更が生じた場合は、1週間以内に書面でこれを届出なければなりません。

第10条 【社員個人情報の利用目的】

会社は【採用選考】規定、【採用決定者の提出書類】規定に基づき会社に提出された書類（ただし個人番号を除く）を次の目的のために利用します。
(1) 配属先の決定・人事異動

⑵　賃金等の決定・支払い
⑶　教育訓練
⑷　健康管理
⑸　表彰・制裁
⑹　退職・解雇
⑺　福利厚生・災害補償
⑻　前各号のほか、会社の人事管理上必要とする事項

2．社員は、会社が前項の利用目的の範囲内において個人情報を利用することを承認するものとします。

3．会社は、会社のグループ企業間において、第１項により取得した社員の個人情報を共同利用することができます。
この場合、利用される個人データの項目、共同利用者の範囲、共同利用目的、個人データ管理者、その他の事項については、社員が知りえる状態に置くものとします。

4．会社は、人事政策、労務管理上必要な助言・指導を受けるために、社員の個人情報を必要な範囲内で、産業医または医師・弁護士・公認会計士・税理士・司法書士･社会保険労務士等へ提供します。社員はこれに同意するものとします。

第11条　【特定個人情報】

社員は、勤務するにあたり個人番号を会社に報告しなければなりません。

2．会社は社員から受領した個人番号を以下の目的のためにのみ使用します。
⑴　税務上の手続き
⑵　社会保障に関する手続き
⑶　災害対策に関する手続き

3．前項のほか、管理している磁気媒体の故障その他の事由により、情報復旧のためにその修理・維持・管理を外部の第三者に委託することがあり、社員はこれに同意するものとします。

第12条　【身元保証人】

身元保証人は原則として２名とし、近隣県内に居住する独立の生計を営む成年者で配偶者以外の会社が認める者でなければなりません。ただし、会社が身元保証人を必要としないと認めた場合はこの限りではありません。

2．身元保証契約の期限は５年とし、５年ごとの契約更新をおこないます。

3．社員は、身元保証契約期限の末日までに、身元保証契約の更新手続きをしなければなりません。

4．身元保証人が下記事項に該当するに至ったときは、遅滞なくこれを変更して補充しなければなりません。

(1) 死亡または失踪の宣告を受けたとき
(2) 後見・保佐または破産の宣告を受けたとき
(3) 日本の国籍を失い、または海外に移住したとき
(4) 会社が不適当と認めるに至ったとき
(5) 従前の身元保証契約の解除によって、身元保証人を欠いたとき

5．会社は社員が次の各号の一に該当した場合には、身元保証人に連絡することがあります。社員はこれを拒否することができません。

(1) 転勤または異動があった場合
(2) 無断欠勤をした場合
(3) 欠勤が５営業日連続した場合
(4) 傷病により休職を開始する場合、および休職期間満了により退職する場合
(5) 社員の不始末により会社に損害を与えた場合
(6) 懲戒処分に該当した場合
(7) その他就業規則その他の規定に違反した場合

第13条 【試用期間】

新たに採用した者については、採用の日から６か月間を試用期間とします。会社は本採用までに、勤務態度・健康状態・職務への適性等、社員としての適格性を審査し、試用期間満了時までに本採用の可否を決定します。ただし、特殊な技能・技術または経験を有する者およびパートタイム等から社員に登用した者には、試用期間を設けずまたは短縮することがあります。

2．前項の試用期間は会社が必要と認めた場合、必要な範囲で期間を定め、更に延長することがあります。この場合、試用期間終了日までに本人に通知します。

3．試用期間を経て本採用される場合は、試用期間当初から採用されたものとし、勤続年数に通算します。

4．試用期間中または試用期間満了の際、本採用することが不適当と認めた者については就業規則の【解雇予告】規定の手続きに従って解雇します。但し、採用後14日を経過していない場合は、解雇予告手当の支払いはおこなわず即時解雇します。

第14条 【本採用取消事由】

試用期間中の社員が次の各号のいずれかに該当し、会社の社員として会社が不適当であると認めた場合、採用を取り消し、本採用をしません。ただし、改善の余地があるなど、特に必要と認めた場合は、会社側の裁量により、試用期間を延長し、採用取り消しを留保することがあります。

(1) 正当な理由なく欠勤・遅刻・早退を繰り返し、出勤状況が悪い場合
(2) 会社からの指示に従わないなど職場における協調性に欠ける場合
(3) 労働意欲が無いなど勤務態度が悪い場合
(4) 履歴書・職務経歴書・事前確認書・健康告知書など会社に提出した書類の記載事項に偽りがあった場合
(5) 会社が提出を求めている必要書類を提出しない場合
(6) 会社が要求する職務能力が不足し、改善の見込みが乏しいと会社が判断した場合
(7) 身体または精神の状態が勤務に耐えられないと会社が判断した場合
(8) 第３章に定める服務規律および『服務規程』の各規定に違反した場合
(9) 個人番号を会社に提出しない場合
(10) この規則の【解雇】規定に定める事由に該当する場合
(11) 暴力団や暴力団員等の反社会勢力と関係があると判明したとき
(12) その他上記に準ずる、当社の社員としてふさわしくない事由が存在する場合

第２節　異動

第15条 【異動】

会社は、業務上必要がある場合は、社員に対し従事する職務もしくは勤務場所の変更および役職の任免等の人事異動を命じることがあります。

２．前項の命令を受けた社員は、正当な理由がない限りこれに従わなければなりません。

第16条 【出向】

会社は社員に対し、関係企業、取引関係のある企業等に対して、人事交流、人材育成、業務支援、その他の事由により出向を命じることがあります。社員は正当な理由がない限り、これに従わなければなりません。

2．会社は出向先との間で出向に関する文書を締結し、社員に対し辞令を交付します。

3．出向を命じる場合は、その事由、任務、出向予定期間、出向中の労働時間、賃金等の取扱い、その他の必要事項については社員に通知します。

4．出向中の労働条件は、第2項の出向に関する文書によります。

第17条 【転籍】

会社は業務上必要がある場合には、社員を関係企業、取引関係のある企業等に転籍させることがあります。

2．前項の場合、本人の同意を得ておこないます。

3．やむを得ない理由なく、業務の引き継ぎをおこなわない場合は、懲戒処分の対象となります。

第18条 【昇進・解任】

会社は、社員に対し業務上の必要性がある場合、職位について上位職位に昇進または職位の解任を命じることがあります。社員はこれを拒むことはできません。

第19条 【役職定年】

一定の役職に就く者は、会社が定める年齢に達した段階で、当該役職を解きます。

2．役職定年の定年年齢は、役職に応じて次のとおりです。

(1) 部長：57歳

(2) 課長：55歳

(3) 係長：53歳

3．本条の規定により役職を解かれた者の賃金その他労働条件については、職務内容に応じて見直しをおこなう場合があります。

4．前各項の定めにかかわらず、後任者が不確定その他の事由により、役職定年の年齢を超えて職務の遂行を命じることがあります。

第３章　服務規律

第１節　出退勤

第20条　【出退勤】

社員は出退勤については、次の事項を守らなければなりません。

⑴　始業時刻前に出勤し、始業時刻とともに業務を開始しなければなりません。

⑵　始業時刻とは、始業準備を整えた上で実作業を開始する時刻をいい、終業時刻とは、実作業を終了する時刻をいいます。

⑶　始業時刻・終業時刻を、会社の指定する方法により、自ら記録しなければなりません。他人に依頼し、または他人の依頼を引き受けてはいけません。

⑷　社員は、終業時刻前に更衣等の帰宅準備をしてはいけません。帰宅準備行為は、書類・パソコン・作業用具・車両その他業務に使用した物品を所定の場所に整理格納した後におこなってください。

２．社員は始業時刻前、終業時刻後、または休日あるいは休暇に、会社の許可なく会社施設内に立ち入り、または留まってはなりません。

３．会社の命令を無視して、許可なく就業時間外に業務をおこなった場合には懲戒処分の対象とします。

第21条　【通勤経路・手段】

社員は、会社へ通勤経路、通勤手段を届出なければなりません。

２．会社への通勤経路は、最も経済的に合理的な経路でなければなりません。

３．通勤手段は、原則として以下のものから会社が認めた方法によるものとします。

⑴　公共の交通機関

⑵　自家用車（バイク・原付含む）

⑶　自転車

４．自家用車（バイク・原付含む）を利用する場合には、以下の書類を通勤経路届に添付しなければなりません。

⑴　自動車運転免許証の写し

⑵　自賠責保険の保険証券の写し

⑶　任意保険（対人・対物無制限とする）の保険証券の写し

５．自転車を利用する場合には、以下の書類を通勤経路届に添付しなければなりません。

⑴　自転車保険等の保険証券の写し

第22条　【運転免許証の提示義務】

会社は個人車両（バイク・原付を含む）または会社所有車を通勤または業務で運行供用する者に、いつでもその運転免許証の提示を求めることができます。

2．社員は、運転免許証の停止または失効等、車両を運転できなくなったときは、ただちにその旨を会社に報告しなければなりません。

3．提示に応じない、または報告を怠った場合は、懲戒処分の対象になります。

第23条　【持込持出禁止】

出勤および退勤の場合において、日常携帯品以外の物品を持ち込み、または、会社の物品およびデータ等を持ち出そうとする者は所属長の許可を得なければなりません。

第24条　【所持品検査】

会社は必要に応じて、社員の出退勤の際あるいは会社内において社員の所持品を検査することができます。この場合、社員はこれに応じなければなりません。

2．検査の結果、所持が不正であると認めた場合はその全部または一部を、会社が保管または没収することができます。

第25条　【欠勤・遅刻・早退・私用外出】

正当な理由なく、欠勤・遅刻・早退・私用外出してはなりません。

2．遅刻とは会社の定める始業時刻に業務を開始できない場合をいいます。

3．早退とは会社の定める終業時刻前に業務を終了する場合をいいます。

4．欠勤とは会社が定める各日の所定労働時間内に一度も業務に従事しなかった場合をいいます。

5．私用外出とは会社が定める所定労働時間内に業務を離れる場合をいいます。ただし、休憩時間を除きます。

6．欠勤・遅刻・早退・私用外出をおこなう場合は、その時間と事由を事前に所属長に届出て承認を受けなければなりません。ただし、病気その他やむを得ない場合は、事後すみやかに承認を受けなければなりません。

7　勤務時間中に私用外来者と面会してはなりません。ただし、所属長の許可を受けた場合はこの限りではありません。

8．欠勤が傷病による場合は、医療機関の領収書または会社からの指示があれば医師の診断書等の写しを提出しなければなりません。費用は個人負担になります。

9．前項の診断書が提出された場合でも、必要があれば社員に対し会社の指定する医師へ受診させることができます。社員は正当な理由なく、これを拒否できません。なおこの場合、診断書等の費用は会社負担とします。

10．いかなる事由であれ、遅刻を取り消し出勤とみなし、または本人からの有給休暇への振替申出を会社が承認することはありません。

11．前項の規定にかかわらず、電車事故その他の不可抗力と認められる場合は、その状況を考慮し、遅刻の取り扱いをしないことがあります。この場合、遅延証明書等の提出を求めます。

12．欠勤・遅刻・早退・私用外出に対応する時間については賃金を支給しません。

第2節　企業秩序維持

第26条　【セクハラの防止・相談】

職場においてセクシャル・ハラスメント（以下「セクハラ」という）と判断される相手方の望まない性的言動により他の従業員に不利益や不快感を与えることは、職場のモラルや秩序をみだし、働く従業員のモチベーションを下げる要因となります。社員は、いかなる場合でもセクハラに該当すると判断される行動等や性的いやがらせに当たる行為を職場または業務に関連する場所において絶対にしてはなりません。

2．セクハラを受けた場合は、ただちに総務担当管理職に相談してください。会社は秘密を厳守します。また、相談したことに対する労働条件の不利益な取扱いはしません。

3．セクハラを目撃した社員は総務担当管理職に届け出てください。会社は秘密を厳守します。また、届け出たことに対する労働条件の不利益な取扱いはしません。

4．セクハラに該当する行為を行った社員は、就業規則に定める制裁事由に基づき、その程度や状況、行為回数、反省態度その他事情を考慮し、戒告、けん責、減給、出勤停止、降給・降格・降職、諭旨退職、懲戒解雇のいずれかとします。またセクハラに当たる行為に加担したと、状況において判断される社員も同様とします。

5．会社はセクハラの相談を受けたときは、すみやかに事実関係の調査に着手し、セクハラに当たる行為か否かを慎重に判断し、申立者である社員が申立後も性的被害を受けないように対処します。また、事実関係の調査、確認に協力した社員に対し、労働条件の不利益な取扱いはしません。

6．セクハラとは、相手方の意に反する性的言動で、その言動により仕事を遂行する上で一定の不利益を与えるものまたは就業環境を悪化させるものをいいます。

(1) 性的な表現で、人格を傷つけまたは品位を汚すような言葉遣いをすること。
(2) 体を凝視するなどの行動または振舞いをすること。
(3) 性的な関心の表現を業務遂行の言動に混同させること。
(4) ヌード掲載の雑誌やヌード写真やポスター等の卑猥な写真および絵画を見ることの強要や配付または掲示等をすること。
(5) 相手が返答に窮するような性的な冗談やからかい等をすること。
(6) つきまといなど執拗な誘いをおこなうこと。
(7) 事実根拠のない、性的な噂を職場で流布すること。
(8) 性的関係の強要、不必要な身体への接触または強制猥褻行為などをおこなうこと。
(9) その他相手方の望まない性的言動により、業務遂行を妨げると判断される行為をすること。

7．セクハラへの対応過程で知り得た関係者の個人情報については厳守します。

第27条 【ハラスメントの相談】

ハラスメントに関する相談および苦情の窓口は総務担当管理職とします。会社は、相談および苦情を申し出た社員のプライバシーに充分配慮します。

2．相談および苦情を受け付けた場合は、人権に配慮した上で、必要に応じて被害者・加害者・所属長、同僚等に事実関係を聴取します。社員は正当な理由なく拒否できません。

3．会社は問題を解決し、被害者の就業環境を改善するため、必要に応じて加害者に対して制裁措置、人事異動等の措置を講じます。

第28条 【電子端末の利用・モニタリング】

社員は、会社が貸与したパソコン、スマートフォン、携帯電話、タブレット端末、ドライブレコーダー、デジタルタコグラフ等（以下「電子端末」という）を業務遂行に必要な範囲で使用するものとし、私的に利用してはなりません。

2．会社は、必要と認める場合には、社員の承諾がなくても社員に貸与した電子端末内に蓄積されたデータ等を閲覧することができます。

3．会社は、前項の結果、不適切な情報が含まれる場合には、会社の判断で削除できるものとします。

4．会社は、電子端末のGPS機能を社員の労働時間の管理、顧客対応管理の目的で使用する場合があります。

第３節　服務規律

第29条　【服務規律】

社員は、次に掲げる事項を守って業務に精勤しなければなりません。各号の一に反した場合は【懲戒事由と適用】規定に基づき懲戒処分を実施する場合があります。

⑴　遵守事項

- 自己の職務は正確かつ迅速に処理し、常にその能率化を図るよう努力しなければなりません。
- 来客者には気持ちのよい会釈･挨拶をし、明るく接しなければなりません。
- 職場の整理整頓に努め、常に清潔に保たなければなりません。
- 常に品位を保ち、会社の名誉を傷つけたり、会社に不利益を与えたりする言動は一切行ってはなりません。
- 業務上の失敗、ミス、クレームは隠さず、事実を速やかに所属長に報告しなければなりません。
- 勤務時間中は、定められた業務に専念し、所属長の許可なく職場を離れ、または他の者の業務を妨げるなど、職場の風紀・秩序を乱してはなりません。
- 非常災害の発生時または発生の恐れのあるときは、会社施設の保全または救護措置に協力しなければなりません。

⑵　誠実義務違反・反社会的・迷惑・不正行為等の禁止

- 会社の命令および規則に違反し、また所属長に反抗し、その業務上の指示および計画を無視してはなりません。
- 職務の権限を越えて専断的なことをしてはなりません。
- 他の従業員をそそのかして、この規則に反するような行為、秩序を乱すような行為をしてはなりません。

- 会社内において、人をののしり、または暴行を加えてはなりません。
- 会社内外を問わず、噂話・悪口・侮辱・勧誘その他、他人に迷惑になる行為をしてはなりません。
- 会社内外を問わず、ケンカ・暴行・脅迫等の行為をしてはなりません。
- 他の従業員に対して寄付その他募金行為をしてはなりません。
- 会社の経費等の社金、公金の着服または流用、請求書あるいは領収書の偽造を行ってはなりません。
- 社内の金品（本人の日常携行品を除く）を会社の許可なく、移動、持ち出し、隠匿または使用してはなりません。
- 不正不義の行為により会社の体面を傷つけ、または会社の名誉を汚し、信用を失墜するようなことをしてはなりません。
- 他の従業員と金銭貸借をしてはなりません。
- 出勤に関する記録の不正をしてはなりません。
- 住所、家庭関係、経歴その他の会社に申告すべき事項および各種届出事項について虚偽の申告を行ってはなりません。
- 職務上の地位や職権を乱用したパワーハラスメント行為を行ってはなりません。

(3) **私的行為の禁止**

- 業務中はもちろん、休憩中であっても会社内においてインターネットにて業務に関係のないWEBサイト等を閲覧してはなりません。
- 会社の許可なくフリーソフト等をダウンロードまたはインストールしてはなりません。
- 業務中に携帯電話を私用で使ってはなりません。
- 勤務時間中は、職務に専念し、みだりに職場を離れたり私事の用務を行ったりしてはなりません。
- 許可なく会社の電話等の設備を私用に使ってはなりません。
- 会社の施設、車両、事務機器、販売商品を無断で使用し、または私事に使用するため持ち出してはなりません。

(4) **その他禁止行為**

- 会社の許可なく会社内及び取引先において、集会、文書掲示または配布、宗教活動、政治活動、私的な販売活動など、業務に関係のない活動を行なってはなりません。また、就業時間外および事業場外においても社員の地位を利用して他の従業員に対しそれら活動を行なってはなりません。

- 所定場所以外で喫煙し、電熱器もしくはコンロ等の火気を許可なく使用してはなりません。
- 火器、凶器その他業務上必要でない危険物を所持または使用してはなりません。
- 会社内及び取引先に日常携帯品以外の私品を持ち込んではなりません。
- 衛生上有害と認められるものを事業場内に持ち込んではなりません。
- 会社の許可なく、副業をしてはなりません。
- 従業員を他の会社に斡旋してはなりません。

(5) **物品等取り扱い**

- 業務で使用する車両の運転は常に慎重に行ない、安全運転を心がけなければなりません。
- 会社の車両、機械、器具その他の備品を大切にし、消耗品や水道光熱の節約に努め、書類等は丁寧に扱い、厳重に管理しなければなりません。

(6) **服装・身だしなみ関係**

- 服装などの身だしなみについては、常に清潔に保つことを基本とし、他人に不快感や違和感を与えないよう心がけなければなりません。また、服装を正しくし、作業の安全や清潔感に留意した頭髪、身だしなみをしなければなりません。
- 会社指定の制服等の着用を義務付けられた者は、これを着用しなければなりません。
- 刺青を彫り、またはタトゥーを入れてはなりません。
- 就業中のピアス、イヤリング、結婚指輪以外の指輪等、業務に直接関係のない装飾品を身につけてはいけません。
- ネイルアートをしてはなりません。
- 就業中は、職務に相応しい服装をし、必要と認める場合は会社の指示に従わなければなりません。なお、就業中の毛髪の過度な茶髪･金髪等の染色をしてはいけません。この場合、髪色の基準は日本ヘアカラー協会・レベル５までとします。

(7) **届出・報告・承認事項**

- 職務遂行にあたっては、報告・連絡・相談の三原則を守らなければなりません。
- 自己の行為により、会社の施設、その他電子機器等を損傷し、もしくは他人に損害を与えたときは速やかに会社へ届け出なければなりません。

・　交通事故を起こし、または交通事故にあった場合、または車両を破損した場合は、ただちに会社に届け出なければなりません。

・　会社の損失、従業員に災害の発生もしくは損害を及ぼし、またはその恐れがあるときは速やかに会社に届け出なければなりません。

・　他の従業員の健康状態に支障が発生し、もしくはその恐れがあるときは速やかに会社に届け出なければなりません。

・　就業時間中は所在を明らかにし、外出の場合は定時連絡を入れなければなりません。

・　退社する際、業務上の引継ぎが必要であれば、必ず引継ぎをしなければなりません。

⑻　**競業避止**

・　会社の許可なく、在職中に競業行為や、本人もしくは第三者の利益を目的とした行為を行なってはなりません。

・　会社の許可なく、他の会社の役員に就任したり、従業員として雇用契約を結んだり、または営利を目的とする業務を行ってはなりません。

⑼　**機密情報の保護**

・　会社の内外を問わず、在職中または退職後においても、会社ならびに取引先等の機密、機密性のある情報、個人情報、顧客情報、企画案、ノウハウ、データ、ＩＤ、パスワードおよび会社が不利益と判断する事項を第三者に開示、漏えい、提供をしてはなりません。また、これらの利用目的を逸脱して取扱い、または漏えいしてはなりません。

・　個人でホームページ、ブログ、ツイッター、フェイスブック等を開設する場合は、情報の漏えいに留意しなければなりません。また、業務時間中にツイートやフェイスブック等の更新をしてはなりません。

・　会社の許可なく、個人所有のパソコンに業務に関連する情報を保有してはなりません。会社の許可を得て個人所有のパソコンで秘密情報の複製・謄写を行なう場合でも、情報漏えいが起きる可能性のある環境（ファイル交換ソフト等）は一切排除してその操作を行なわなければなりません。

・　会社の許可なく業務上守秘すべき情報および個人情報が入ったファイルを持ち帰ってはなりません。これは電子メールでの送受信も同様とします。

・　自動車等から離れる場合は、車内に業務上の情報（書類・パソコン等）を置いてはなりません。

・　会社の重要な機密文書、帳簿等を外部へ持ち出す際は施錠の出来るカバンを使用し、置き忘れや盗難が起こらぬよう十分に気をつけなければなりません。
・　会社の許可なく、会社の関係者以外の者を事務室・作業室内に入場させてはなりません。
・　個人情報等を破棄する場合は、会社が指定する方法で処分しなければなりません。
・　機密上立入禁止とされた場所に、会社の許可なく立入る等の行為をしてはなりません。
・　会社の許可なく、会社外の者に会社施設内を縦覧させ、または会社の施設、機械、器具、書類等を撮影あるいは模写する等の行為をさせてはなりません。

第４章　勤務時間・休憩・休日

第１節　勤務時間・休憩・休日

第30条　【所定労働時間等】

社員の所定労働時間は、１日８時間00分とし、始業・終業等の時刻および休憩時間は原則次のとおりとします。

■所定労働時間

始業時刻	9：00
終業時刻	18：00
休憩時間	60分

２．始業および終業時刻は、業務の都合により、当該勤務日の所定労働時間の範囲内で、職場の全部または一部または個人において変更することがあります。
３．労働時間とはあくまで会社が具体的指示、命令、その他要求する業務に従事している時間をいいます。会社の許可なく個人的判断でおこなっている任意の業務、または任意でおこなう業務技術向上のための訓練などは、労働時間として認識しません。出勤簿やタイムカードは出勤時刻や退勤時刻の記録ですので、会社はその全てを労働時間としては認識しません。

4．休憩時間とは、食事・喫煙・休息等、社員が業務を離れてから、業務へ戻るまでの時間をいいます。

第31条　【休息日】

休息日は、年間休日の総日数を105日、特別休暇の総日数を20日とし合計で125日とします。休息日の指定については、年間カレンダーにて定めます。

2．特別休暇については、会社の諸事情またはカレンダーにより増減する場合があります。

3．法定休日について１週間の起算日は月曜日とします。

第２節　時間外・休日・深夜労働

第32条　【時間外労働・休日労働・深夜労働】

会社は、業務の都合により、時間外労働・休日労働・深夜労働を指示することがあります。社員はこれに従わなければなりません。

2．時間外労働・休日労働は、「時間外・休日労働に関する協定」を届け出て命令するものとします。

3．第１項の場合であっても、小学校就学前の子を養育または介護をおこなう社員が請求した場合は、事業の正常な運営が妨げられる場合を除き、１か月に24時間、１年に150時間を超える時間外労働・深夜労働をさせることはありません。ただし、対象となる社員の範囲、適用除外の期間、手続きなどは育児・介護休業法の通りとします。

4．妊娠中および出産後１年を経過しない女性（以下「妊産婦」という）から請求があった場合、時間外・休日・深夜労働は命じないものとします。

5．前項の制限を請求しようとする者は、制限を開始しようとする日および制限を終了しようとする日を明らかにして、原則として制限開始予定日の１か月前までに所定の届出書を会社に提出しなければなりません。その際、必要に応じて各種証明書の提出を求めることがあります。

第33条　【時間外労働・休日労働許可】

時間外労働・休日労働・深夜労働をおこなう場合は、事前に所属長の許可を得ることとし、事前に所属長の許可のない時間外労働・休日労働・深夜労働は原則として認めません。また、会社から自宅などに書類を持参すること、またメールなどで送信して自宅にて業務をおこなってはなりません。

2．社員は、勤務時間外もしくは休日出勤業務の内容、それをおこなう理由、対象となる予定時間、日にちなどを事前に所属長に連絡し、書面をもって許可を得てください。緊急などの理由で事前許可が得られない場合は、事後ただちに承認を求めなければなりません。

第34条 【適用除外】

労働基準法第41条に規定する監督もしくは管理の地位にある者については本節の規定を適用しません。

第5章 休暇

第1節 法定休暇・特別休暇

第35条 【休暇の種類】

休暇の種類は次のとおりとします。

(1) 年次有給休暇
(2) 特別休暇
(3) 産前産後休業
(4) 生理休暇
(5) 育児休業
(6) 介護休業
(7) 子の看護休暇
(8) 介護休暇

第36条 【年次有給休暇の付与】

採用日より6か月以上継続勤務し、それぞれの対応日前日まで直近1年間における所定労働日の出勤率が80％以上の社員に対して年次有給休暇を与えます。付与日数は次のとおりとします。

■年次有給休暇付与日数

勤続年数6か月	10日
勤続年数1年6か月	11日
勤続年数2年6か月	12日
勤続年数3年6か月	14日
勤続年数4年6か月	16日
勤続年数5年6か月	18日
勤続年数6年6か月以上	20日

2．前項の規定にかかわらず、週の所定労働時間が30時間未満の者であって、かつ週所定労働日数が週4日以下または年間216日以下の者については、労働基準法の定める比例付与の対象となります。

3．年次有給休暇の残余は1か年限り繰越を認めます。したがって、繰越分を含めて最高40日となります。

4．出勤率の計算において、次の場合は全労働日から除外します。

(1) 会社都合による休業期間
(2) 休日労働日
(3) 使用者の責による休業期間

5．出勤率の計算において、次の場合は出勤したものとみなします。

(1) 業務上の疾病による休業期間
(2) 年次有給休暇を取得した期間
(3) 産前産後休業期間
(4) 育児休業期間
(5) 介護休業期間

6．出勤率の計算において、次の場合は出勤したものとみなしません。

(1) 生理日の休暇
(2) 子の看護休暇
(3) 介護休暇

第37条 【年次有給休暇の取得】

有給休暇は指定された時季に与えるものとしますが、事業の正常な運営が妨げられる場合には、会社は取得時季の変更をすることができるものとします。

2．有給休暇は半日を単位として取得するものとします。

3．年次有給休暇の賃金は通常の賃金を支払います。

4．有給休暇の使用は、次の順によります。

⑴　前年度から繰り越された日数

⑵　当年度分の有給休暇日数

第38条　【年次有給休暇の請求手続き】

年次有給休暇を受けようとする者は、原則として取得しようとする日の前日までに申し出なければなりません。また、取得する場合は、他の従業員との業務の引継ぎなどを適切に実施し、業務に支障を起こさないようにしなければなりません。

2．前項の手続きまたは連絡、届出を怠った場合は無断欠勤とします。ただし、出勤当日の届出がなかった場合においても届出を怠る意図が全くなかったと会社が認めた場合は、無断欠勤の取扱いをしないことがあります。

3．当日の有給休暇の申し出は、原則として有給休暇として認めません。ただし、当日の申し出事由を考慮し、会社が有給休暇として認めたときは、有給休暇とする場合があります。

第39条　【計画年休】

労働基準法で定める労使協定を締結した場合、当該労使協定の定めるところにより、計画的に年次有給休暇を取得しなければなりません。

2．前項の協定が締結された場合、会社は年次有給休暇の請求の有無にかかわらず、当該協定の定めるところにより年次有給休暇（計画年休）の取得があったものとみなします。ただし、最低でも５日間は本人の意思で取得できるようにします。この５日間には前年度からの繰り越し分も含めます。

3．新入社員等で年次有給休暇の日数が不足する者については、不足した日数を特別休暇とし、通常の賃金を支払うものとします。

4．次に掲げる社員については、計画年休に関する規定を適用しない場合があります。

⑴　計画年休の期間中に退職することが予定されている者

⑵　計画年休の期間の開始前に退職が予定されている者

⑶　この規則の定めにより、休職または休業中の者

⑷　その他、計画年休の規定を適用しないことが適当と思われる者

第40条　【特別休暇】

次に該当する場合は、社員の請求により特別休暇を与えます。ただし、特別休暇期間中に会社が定める休日が存在する場合は、特別休暇日数に含むものとします。

⑴　結婚休暇：（有給）

本人（ただし、従前の配偶者と再婚する場合は付与しません。）	5日

⑵　出産休暇：（有給）

配偶者	出産日を含め2日

⑶　忌引休暇：（有給）

父母・配偶者・子	葬儀日を含め3日
祖父母・兄弟姉妹	葬儀日を含め2日
義理の父母・同居の親族	葬儀日を含め1日

2．前項の特別休暇は、事前に所属長へ請求しなければなりません。ただし、やむを得ない事由がある場合は、事後すみやかに届出なければなりません。

3．特別休暇は、それぞれ次の各号に定める期間内に限り取得できます。当該期間を経過した場合、取得できません。

⑴　結婚休暇…結婚式当日または入籍日いずれか早い日から3か月間

⑵　出産休暇…出産日から2週間

⑶　忌引休暇…死亡日から1か月間

⑷　その他の休暇…会社が認めた期間

4．次に該当する日は原則労働日としますが、会社がカレンダーで指定した場合は、特別休暇を与えます。

⑴　国民の祝日に関する法律で定められた日：（有給）

⑵　夏季休暇：（有給）

⑶　年末年始休暇：（有給）

⑷　その他会社が指定した日：（有給）

5．次に該当する日は、会社が必要と判断した場合は、それぞれ会社が必要と認めた期間、特別休暇を与えます。

⑴　天災その他の災害にあったとき：（有給）

⑵　交通機関等の事故等、やむを得ない事情があると会社が認めるとき：（有給）

⑶　その他会社が特に必要と認めたとき：（有給）

6．特別休暇中の賃金は休暇事由ごとに定めます。

第２節　休職

第41条　【傷病休職】

社員が各号のいずれかに該当するときであって、会社が必要と認めた場合に傷病休職を命じることがあります。ただし試用期間中の者を除きます。

⑴　業務外の傷病(通勤災害を含む）により欠勤（年次有給休暇を取得した日を除く）し、所定労働日に連続して20日を経過しても就労ができないとき

⑵　業務外の傷病(通勤災害を含む）により欠勤・遅刻・早退等（年次有給休暇を取得した日を除く）があり、直近の暦日90日間のうち20日を超えたとき

⑶　会社が実施する健康診断、ストレスチェックなどの健康確保措置を受診せず、勤務に適しないと会社が認めたとき

⑷　健康診断の結果で要精密検査となる項目があり、勤務に適しないと会社が認めたとき

⑸　その他前各号の事由に準ずる事由が発生し、勤務に適しないと会社が認めたとき

２．前項の規定にかかわらず、【傷病休職期間】規定に定める休職期間を経過しても、復職の見込みがないことが明らかな場合、会社は傷病休職を命じないことがあります。

３．休職開始の時期は、前項第１号および第２号においては業務外の傷病(通勤災害を含む）により欠勤・遅刻・早退が20日を超えた日以降で会社が指定する日とします。前項第３号から第５号においては、会社が指定する日とします。

４．傷病休職を命ぜられた場合には、休職に関する誓約書を、休職開始の日より前に提出しなければなりません。

５．傷病休職した者が、【傷病休職期間】規定に定める休職期間満了前に復職した後12か月以内に同一傷病の再発により欠勤した場合は、欠勤開始日より休職とし、休職期間は復職前の期間と通算します。

６．傷病休職した者が、【傷病休職期間】規定に定める休職期間満了して復職した後、同一傷病の再発により本条第１項第１号および第２号に該当した場合は、休職制度を適用しません。同一傷病の再発と認められる場合は、傷病名が異なっても再発として取り扱います。

７．異なる傷病等により休職が複数回に及ぶ場合でも、休職期間を通算して６か月を超過することはできません。

8．休職期間中に別の休職事由が発生した場合、重複している期間は双方の休職期間が進行するものとします。

第42条 【傷病休職期間】

傷病休職期間は、勤続年数の区分により下記の期間内で、状況を勘案し個別に決定します。

1年未満	なし
1年以上5年未満	3か月以内
5年以上	6か月以内

なお、勤続年数1年未満の者が傷病休職に該当する事由が発生した場合は退職とします。

2．前項により決定した休職期間を延長することはありません。

第43条 【傷病休職中の連絡】

社員は、傷病休職した場合は、少なくとも1週間に1回は主治医の診断書を提出しなければなりません。

2．会社が必要と認めた場合は、会社が指定する医師の診断を受けなければなりません。

第44条 【復職】

傷病休職事由が消滅し、通常の始業時刻から終業時刻まで、所定労働時間の勤務ができるようになったとき、復職させる場合があります。

2．傷病休職事由が消滅した場合、直ちに会社に届出なければなりません。

3．復職を希望する場合、その2週間前までに、復職が可能である具体的状況を復職願に記載して会社に届出なければなりません。その際は、治癒した旨の主治医の診断書を添付しなければなりません。

4．復職に際し、会社が必要と認めた場合は、会社が選任した医師の診断を受けなければなりません。その際に主治医のカルテおよび診断記録等の提出を求める場合があります。その結果により復職可能かどうか決めることとします。また、主治医の診断書を提出した場合でも、会社指定の医師の診断を拒否した場合、休職事由が消滅したか否かの判断材料として採用しません。

5．復職後の職務は原則として休職前の職務とします。ただし、主治医の判断により休職前の職務とは異なる職務につかせる場合があります。

６．傷病休職期間が満了しても、傷病休職事由が消滅しない場合は、休職期間満了による退職とします。

第45条　【傷病休職期間の取扱い】

傷病休職期間については、賃金を支給せず、勤続年数にも通算しません。

２．賞与および昇給については、対象期間から休職期間を除いて算定します。

３．社会保険料その他、社員が負担するべき項目がある場合は、毎月末日までに会社に支払うものとします。

第46条　【会社都合による休業】

会社は、以下の理由により社員の一部または全部を、会社が指定する期間、休業させる場合があります。

⑴　業績不振

⑵　事業部門の閉鎖

⑶　取引先の縮小

⑷　その他経営上の理由

２．前項の休業を命じる場合には、平均賃金の60％を支給すると共に、勤続年数にも通算します。

第47条　【出向休職】

会社は、社員に対して関連企業、その他取引先に出向を命令する場合があり、この間については、休職扱いとします。

２．休職の期間は、出向先と定める協定によります。

第６章　退職・定年・解雇

第１節　退職・定年

第48条　【退職】

社員が次の各号のいずれかに該当する場合は、その定める日に退職とし、社員としての身分を失います。

(1) 死亡したとき：死亡した日
(2) 期間を定めて雇用された者が雇用期間を満了したとき：期間満了の日
(3) 自己都合により退職を願い出て、会社の承認があったとき：会社が承認した退職日
(4) 定年に達したとき：【定年】規定に定める定年到達日
(5) 転籍について同意し、転籍の日付を迎えたとき：転籍日の前日
(6) 休職期間が満了した時点で、なお休職事由が継続し、復職できないとき：休職期間の満了日
(7) 理由のいかんを問わず、欠勤開始日より暦日で30日を経過したとき（ただし、傷病休職となった場合を除きます）：その前日
(8) 当社の取締役（兼務役員を除く）に就任したとき：就任日の前日

第49条 【自己都合退職】

社員が自己の都合により退職しようとする場合は、少なくとも１か月前までに退職届により申し出をしなければなりません。

2．やむを得ず退職を口頭で意思表示した場合、会社は口頭により承認または退職の承認通知書を交付することにより退職の申し出を受理したものとします。

3．退職届を提出した場合は、会社の承認があるまでは従前の職務に服さなければなりません。また、いったん退職届を提出した場合または口頭で申し出て、会社の承認があった場合には、退職の日付を変更したり、退職の意思表示を撤回することはできません。

4．退職届を提出した場合は、退職までの間に必要な業務の引継ぎを完了しなければなりません。引継ぎを適切に完了しない場合は、その状況に応じ懲戒処分を実施する場合があります。

第50条 【定年】

定年は60歳の誕生日の属する給与計算期間の末日とし、その翌日社員としての身分を失います。

2．雇入れ時または正社員化するときすでに満60歳に到達している社員の定年は、65歳の誕生日の属する給与計算期間の末日とします。

第51条 【再雇用の対象者】

会社は、定年に達した社員が継続雇用を希望した場合、65歳に達するまでを上限と

して、再雇用の対象者とします。

第52条　【再雇用契約の成立】

定年以後に再雇用する場合、定年および契約更新の際に、賃金・労働時間の調整等の勤務条件を新たに提示します。これに社員が合意した場合に再雇用契約が成立するものとします。

2．継続雇用をする場合は、原則として1回の契約期間を12か月以内とする嘱託社員として再雇用し、以後、有期契約社員就業規則を適用します。

3．再雇用契約の勤務条件は、個別の雇用契約書により定めます。

第2節　解雇

第53条　【解雇】

社員が次の各号のいずれかに該当する場合は解雇します。

(1) 事業の運営上のやむを得ない事情、または天災事変その他これに準ずるやむを得ない事情により、事業の継続が困難となったとき

(2) 事業の運営上のやむを得ない事情、または天災事変その他これに準ずるやむを得ない事情により、事業の縮小・転換または部門の閉鎖等をおこなう必要が生じ、他の職務に転換させることが困難なとき

(3) 【懲戒事由と適用】規定に定める諭旨退職・懲戒解雇事由に該当する事実があったとき

(4) 精神または身体の障害により、業務に耐えられないと会社が認めたとき

(5) 雇用契約書に定められた始業時刻から終業時刻までの所定労働時間の勤務ができないとき

(6) 業務上負傷または疾病による療養開始後3年を経過しても当該負傷または疾病が治らない場合であって、社員が傷病補償年金を受けているとき、または受けることとなったとき（会社が打切補償を支払ったときを含みます）

(7) 試用期間中の社員が【本採用取消事由】規定に該当したと、会社が認めたとき

(8) 個人番号、その他会社が指定した書類などを会社に提示しないとき

(9) 経験者ということで採用したにもかかわらず、本人が申告した職務遂行能力がないと、会社が認めたとき

(10) 会社が求める営業成績、業務能率または業務品質が不良と会社が認めたとき
(11) 正当な理由なく欠勤・遅刻・早退を繰り返し、社員としての職責を果たし得ないと会社が認めたとき
(12) 社員が服務規律の各規定に反し、改善の見込みがなく、社員として不適当と会社が認めたとき
(13) 暴力団や暴力団員等の反社会勢力と関係があると判明したとき
(14) その他、前各号に準ずるやむを得ない事由があるとき

第54条 【解雇予告】

【解雇】規定により解雇する場合は次に掲げる場合を除き、30日以上前に本人に予告し、または平均賃金の30日分の解雇予告手当を支給しておこないます。
(1) 日々雇用する者
(2) ２か月以内の期間を定めて雇用する者
(3) 試用期間中であって採用後14日以内の者
(4) 就業規則に定める懲戒解雇による場合で、労働基準監督署長の承認を受けた者
(5) 天災事変その他やむを得ない事由のために事業の継続が不可能となった場合で、労働基準監督署長の承認を受けた者
2．前項の予告日数は、予告手当を支払った日数分だけ短縮することができます。

第55条 【解雇制限】

次の各号のいずれかに該当する場合は解雇しません。ただし、第１号の場合において、療養開始の期間から３年を経過しても傷病が治らず、会社が打切補償を支払ったときはこの限りではありません。
(1) 業務上の傷病にかかり療養のために休業する期間およびその後30日間
(2) 産前産後の女性が【産前産後休業】規定により休業する期間およびその後30日間
2．天災事変その他やむを得ない事由のために事業の継続が不可能になった場合で、行政官庁の認定を受けた場合は、前項の規定は適用しません。

第３節　退職時の取扱い

第56条　【貸与品の返還】

社員が退職する場合、会社からの貸与品およびその他の債務を退職日までに完納しなければなりません。

2．退職する者は、業務で使用した資料等全ての書類および電子データを会社に返納しなければなりません。また、会社の許可なくこれらの資料を社外に持ち出したり、廃棄してはなりません。

3．社員が退職し本人または遺族等から請求があった場合は、社員としての身分を喪失した翌日から７日以内に、その者の権利に属する金品はこれを支払います。ただし、金品に関しての争いのある場合は異議のない部分を支払います。権利者の順位は法令の定めるところによります。

4．退職する者は、退職届と退職時の合意書を提出しなければなりません。

第57条　【退職後の責任】

社員は退職後も、在職中に知り得た会社の機密を漏らしてはなりません。

2．職務上で知り得た業務上の機密を外部に漏らし、会社に損害を与えた者には、その損害の程度に応じて損害賠償を請求します。

3．在職中の故意または過失により会社に損害を与えたことが、退職後に発覚した場合であっても、前項に準じて損害賠償を請求することがあります。

4．退職後に、在職中の社員や在職中に知り得た取引先、顧客等と接触し、引き抜き、営業活動、その他会社に損害を与える行為をおこなってはいけません。

第58条　【退職後の競業避止】

退職後は原則として１年以内に、本店の所在する都道府県内において、同業他社へ就職、役員の就任ならびに同業の自営をおこなわないように心がけなければなりません。

2．会社は、退職する社員と、退職後において同業他社への就職、役員の就任ならびに同業の自営をおこなわない旨の合意を締結する場合があります。

3．競業避止の合意を結ぶ場合には、期間・場所的範囲・内容・これに対する代償措置について個別に定めるものとします。

第10章　安全衛生

第59条　【安全衛生の基本】

会社および社員は、職場における安全および衛生の確保に関する法令および社内諸規則で定められた事項を遵守し、相互に協力して災害の未然防止に努めるものとします。

第60条　【安全基準】

社員は、災害予防のため、災害を発見し、またはその危険があることを知ったときは、被害を最小限にとどめるように努めなければなりません。

第61条　【健康診断】

会社は社員に対し、入社の際および毎年１回の健康診断を実施します。費用は会社負担とします。ただし、本人が希望する追加の検査項目については、本人の負担とします。

2．深夜業務、その他有害な業務に従事する者に対しては６か月ごとに健康診断をおこないます。

3．前項までの規定にかかわらず、会社が実施する健康診断に代えて、法定の検査項目を満たす場合、別の医師の診断書を提出することができます。

4．会社は社員の健康管理に関し、入社の際および毎年１回の健康診断以外にも必要に応じて、会社の指定する医師による健康診断または予防接種等を求めることができます。

5．社員は正当な理由なく、前各項に定める健康診断や予防接種などの安全配慮措置等を拒否できません。正当な理由がなく受診等を拒否した場合には、【懲戒事由と適用】規定に定める懲戒処分の対象となります。

6．所定労働時間内で健康診断に要した時間は、労働時間として扱い通常の賃金を支給します。ただし、会社が指定する施設および時間以外で受診する場合は、この限りではありません。

7．健康診断の結果で要精密検査・再検査となった者は、検査結果を知った日から１か月以内に精密検査または再検査を受けなければなりません。その費用は自己負担とし、所定労働時間内に検査を受けた場合は無給とします。検査後すみやかに、会社に報告書（診断書）を提出しなければなりません。

8．前項の報告書（診断書）に疑義がある場合は、会社の指定する医師による受診を指示することができます。
9．社員は労働安全衛生法の定めに従い、受診した健康診断の結果を会社に提出しなければなりません。
10．健康診断の結果、必要がある場合は会社の指定する医師の診断に従って就業を一定期間禁止し、または就業場所の転換、業務の転換、労働時間の短縮その他健康保護に必要な処置を命じることがあります。健康確保措置の実施に伴い賃金その他労働条件を見直すことがあり、社員はこれに従わなければなりません。
11．会社は健康診断の結果報告によって得られた個人情報を、安全配慮義務を果たすために使用することとし、他の目的に使用することはありません。

第62条　【指定医健診】

社員が次の各号のいずれかに該当し、会社が必要と認めた場合は、社員の全部または一部に対し、臨時に健康診断をおこない、あるいは予防接種、ストレスチェック、メンタルチェック、会社が指定する医師への受診勧告、その他の安全配慮措置等をおこなうことがあります。なお、これは業務上の必要性に基づくものであり、正当な理由なく拒否できません。

(1)　欠勤が３日を超えるとき
(2)　傷病休職からの復職を希望するとき
(3)　傷病を理由に定期的に欠勤・遅刻・早退・私用外出するとき
(4)　身体または精神上の疾患に罹患している恐れがあると会社が判断したとき
(5)　その他、前各号に準ずる事由で、会社が必要と認めたとき

2．前項の規定により健康診断を受けた社員は、その診断結果の写しを会社に提出しなければなりません。

第63条　【自己保健義務】

社員は、日頃から自らの健康保持、増進および傷病予防に努め、会社が実施する所定の健康診断を必ず受診し、ストレスチェックは受検するよう努めなければなりません。

2．健康に支障を感じた場合は進んで医師の診察を受けるなどの措置を講じるとともに、会社に申し出てその回復のため療養に努めなければなりません。
3．社員は会社が実施した健康診断、その他の受診命令以外にも、自己の健康状態について、障害がある場合には、すみやかに会社に申告しなければなりません。

申告がない場合、会社は健康なものとして取り扱います。
4．会社は社員の健康状態に疑義が生じた場合に、医師の診断を受けることを命ずることがあります。社員はこれに従わなければなりません。

第11章　災害補償

第64条　【災害補償】

社員が業務上の災害により負傷し、疾病にかかり、もしくは障害を負いまたは死亡した場合は、労働基準法および労働者災害補償保険法の定めるところにより災害補償をおこないます。
2．社員が通勤により災害を被った場合は、労働者災害補償保険法の定めるところによります。
3．補償を受けるべき社員が同一の理由により自動車損害賠償責任保険法によって保険給付を受ける場合には、この給付額に相当するものは補償しません。

第65条　【業務上外の認定】

疾病、負傷または死亡の原因が業務に起因したものであるか否かは、本人またはその遺族が発生状況を申告し、会社が調査します。
2．前項の調査結果に基づき、会社は所轄労働基準監督署に申請し、所轄労働基準監督署長が認否を決定するものとします。

第66条　【打切補償】

業務上の災害で療養開始後3年を経過しても治らない場合は、平均賃金の1200日分の打切補償をおこない、その後は補償を打ち切ります。
2．前項の補償は、労働者災害補償保険法が支給する傷病補償年金に代えることができるものとします。

第67条　【災害補償の例外】

社員が故意または重大な過失によって負傷または疾病にかかった場合など、所轄労働基準監督署が労働者災害補償保険法に基づき不支給の決定をしたときは、会社も別途災害補償をおこないません。

第12章　表彰・制裁

第1節　表彰

第68条　【表彰】

社員が次の各号のいずれかに該当する場合は、その都度審査のうえ表彰することがあります。

(1)　品行方正・技術優秀・業務熱心で他の模範と認められる場合

(2)　災害を未然に防止し、または災害の際、特に功労のあった場合

(3)　業務上、特に有益な発明・改良・工夫・考案のあった場合

(4)　前各号に準ずる程度に善行または功労があると認められる場合

2．前項の表彰は賞品または賞金を授与します。

第2節　制裁

第69条　【制裁の種類】

社員がこの規則および付随する諸規程に違反した場合は、次に定める種類に応じて懲戒処分をおこないます。ただし、情状酌量の余地があるか、改悛の情が顕著であるときは、懲戒の程度を軽減し、または免除することがあります。

(1)　戒告

口頭または文書にて、将来を戒めます。

(2)　けん責

始末書を提出させ、将来を戒めます。

(3)　減給

始末書を提出させ、1回の額が平均賃金の1日の半額、総額が一賃金支払期における賃金総額の1割の範囲内で減給します。

(4)　出勤停止

始末書を提出させ、15営業日以内において出勤を停止し、その間の賃金は支

給しません。

⑸ 降給・降格

職務・職種を変更もしくは役職を解き、給与を減じます。

⑹ 諭旨退職

懲戒解雇相当の事由がある場合で、本人に反省が認められるときは、解雇事由に関し本人に説明して退職届の提出を勧告します。従わない場合には懲戒解雇処分とします。

⑺ 懲戒解雇

原則として予告期間を設けることなく、即時解雇します。この場合において、労働基準監督署長の認定を受けたときは、解雇予告手当も支給しません。

第70条 【懲戒事由と適用】

次の各号のいずれかに該当する場合は、情状に応じ、戒告・けん責・減給・出勤停止または降給・降格にします。但し、行為の程度が重い場合には、次項に定める処分に処することがあります。

⑴ 正当な理由なく欠勤・遅刻・早退・私用外出を重ねたとき

⑵ 過失により災害または営業上の事故を発生させたとき

⑶ 第３章に定める服務規律の各規定に違反したとき（軽微なとき）

⑷ ハラスメント行為をおこなったとき（軽微なとき）

⑸ その他前各号に準ずる程度の不都合な行為のあったとき

2．次の各号のいずれかに該当する場合は、情状に応じ、諭旨退職または懲戒解雇とします。ただし、平素の服務態度、その他情状によっては、前項に定める処分とすることがあります。

⑴ 無断もしくは正当な理由なく欠勤が連続14日に及んだとき、または最初の無断欠勤から起算して１年間で通算して14日に及んだとき

⑵ 正当な理由なく欠勤・遅刻・早退・私用外出を繰り返し、勤務に誠意が認められないとき

⑶ 刑法その他刑罰法規の各規定に違反する行為をおこない、その犯罪事実が明らかとなったとき

⑷ 経歴をいつわり、採用されたとき

⑸ 故意または過失により、災害または営業上の事故を発生させ、会社に損害を与えたとき

⑹ 会社の許可を受けず、在籍のまま他の事業の経営に参加したり、または労務

に服し、もしくは事業を営むとき

(7) 職務上の地位を利用し、第三者から報酬を受け、もてなしをうける等、自己の利益を受けたとき
(8) 会社の許可なく業務上金品等の贈与を受けたとき
(9) 前項で定める処分を再三にわたって受け、なお改善の見込みがないとき
(10) 第3章に定める服務規律の各規定に違反したとき
(11) ハラスメント行為をおこなったとき
(12) 暴力団や暴力団員等の反社会勢力と関係があると判明したとき
(13) 暴行、脅迫その他不法行為をしたことが明らかになったとき
(14) 正当な理由なく、しばしば業務上の指示・命令に従わなかったとき
(15) 私生活上の法違反行為や会社に対する誹謗中傷等によって会社の名誉信用を傷つけ、業務に悪影響を及ぼすような行為があったとき
(16) 会社の業務上の秘密を外部に漏洩して会社に損害を与え、または業務の正常な運営を阻害したとき
(17) その他前各号に準ずる程度の不適切な行為のあったとき

第71条 【教唆ほう助】

他人をそそのかし、またはその行為を助けて【懲戒事由と適用】規定の各号に定める懲戒に該当する行為をなさしめた社員は行為者に準じた処分をおこないます。

第72条 【弁明の機会の付与】

会社が社員を懲戒処分に処するにあたっては、弁明の機会を付与します。ただし、最終的な処分の決定は会社がおこなうものとします。

第73条 【処分の通知】

懲戒処分は懲戒の種類および理由を当該社員に、口頭による通知または書面の交付をしておこないます。

第74条 【懲戒の公示】

懲戒処分は、再発防止のために会社内に公示します。

2．前条の定めにかかわらず、被害者が社内にいるなど、配慮が必要な場合については、その項目の一部または全部について公示しないことがあります。

第75条 【損害賠償】

社員が会社に損害を与えた場合、会社は損害を原状に回復させるか、または回復に必要な費用の全部もしくは一部を賠償させることがあります。なお、当該損害賠償の責任は、退職後も免れることはできません。さらに、本人より賠償がなされないときは、身元保証人にその責任を追求することがあります。

附則

この規則は20○年○月○日より施行します。

この規則および各規程の改廃にあたっての責任者は、総務担当管理職とします。

この規則および各規程の解釈適用について、懐疑または紛議が生じた場合の解釈の決定および紛議の解決は、総務担当管理職が責任者としてこれを決定することとします。

この規則および各規程の解釈適用についての紛争に関する訴訟の管轄裁判所は、会社の本店所在地を管轄する地方裁判所とします。

巻末資料

給与規程 サンプル

第1章　総則

第1条　【目的】

この規程は、就業規則の【賃金】規定に基づき、従業員の給与に関する事項を定めたものです。

第2条　【適用範囲】

この規程は、就業規則で定める正社員（以下「社員」という）に該当する者に適用します。

2．契約社員・パートタイム・嘱託社員・無期転換社員等雇用契約上の地位の異なる者については、この規程を適用せず別に定めるところによります。

第3条　【給与の種類】

この規程において、給与の種類は次の通りとします。

(1)　所定内給与

基本給および割増賃金の算定の基礎となる手当（所定内手当）をいいます。

(2)　所定外手当

割増賃金の算定の基礎とならない手当をいいます。

(3)　定額割増手当

実際の時間外・休日・深夜労働時間数にかかわらず、あらかじめ見込まれる割増賃金相当額について、定額で支給する手当をいいます。

(4)　臨時給与

1か月を超える期間ごとに支払われる給与をいいます。

第4条　【給与構成】

給与の構成は次のとおりとします。

・月例給与

(1)　所定内給与

基本給

(2)　所定外手当

通勤手当

(3)　定額割増手当

固定時間外手当、固定深夜手当、固定休日手当

(4) 法定割増手当（定額以外）

時間外手当、深夜手当、休日手当

・臨時給与

(1) 賞与

第5条 【給与計算期間および支払日】

給与（賞与を除く）は、毎月末日までの期間（以下「給与計算期間」という）について計算し、翌月25日（その日が金融機関の営業休業日である場合はその前日）に支払います。

第6条 【給与の非常時払】

前条の規定にかかわらず、社員が以下に定める出産、疾病、災害等の非常の場合の費用に充てるために請求する場合においては、給与支払日の前であっても、すでにおこなわれた労働に対する給与を支払います。

(1) 本人またはその収入によって生計を維持する者が出産し、疾病にかかり、または災害を受けた場合

(2) 本人またはその収入によって生計を維持する者が結婚し、または死亡した場合

(3) 本人またはその収入によって生計を維持する者がやむを得ない事由により1週間以上にわたって帰郷する場合

(4) その他会社が必要と認めた場合

第7条 【給与の支払い】

給与は、本人が届け出た本人名義の預貯金口座へ振り込むことによって支払います。

第8条 【給与控除】

前条の規定にかかわらず、次の各号に掲げるものは控除します。

(1) 所得税、住民税、社会保険料等法令で定めるもの

(2) その他会社と従業員が協定または同意して定めたもの

第9条 【中途採用、中途退職時等の給与】

社員が給与計算期間の中途で採用・退職・休職または復職した場合、もしくは昇給・

昇格、降給・降格などにより給与額に変更があった場合、特に定めるもののほか、日割または時間割計算により支給します。

2．日割計算とは、計算期間を1年とした場合の1か月平均の所定労働日数を一給与計算期間の所定労働日数とした日割による計算をいいます。

3．時間割計算とは、計算期間を1年とした場合の1か月平均の所定労働時間を一給与計算期間の所定労働時間とした時間割による計算をいいます。

第10条　【端数処理】

時間外勤務、休日勤務等の勤務時間の算出にあたっては、給与計算期間ごとに勤務時間を合算するものとします。

2．日割計算、時間割計算、時間外手当等の額の算出にあたり、円位未満の端数が生じたときは、各給与細目ごとに、その端数を切上げて計算します。

第11条　【退職、解雇に伴う給与の支払】

会社は社員が退職しまたは解雇されたときは、当該社員または遺族等の請求があった日から7日以内に本人の権利に属する給与を支払います。ただし、金品に関しての争いのある場合は異議のない部分を支払います。権利者の順位は法令の定めるところによります。

第12条【守秘義務】

給与額、諸手当の支給の有無は会社が従業員に対して個別に査定した結果決められるものであり、個人のプライバシーに関わるため、従業員はお互いの給与の額を開示してはいけません。

第2章　基本給

第13条【基本給】

基本給は、個人別に月給日給、日給月給、時間給の形態で支給します。

2．基本給は年齢、勤続年数、経験、勤務能力、勤務態度などを考慮し、個別に決定します。

第14条【人事異動に伴う変更】
社員が、人事異動等により、職務の変更があった場合には、職務の変更に伴い基本給額を変更（昇給または降給）することがあります。

第3章　諸手当

第1節　手当通則

第15条　【手当の支給要件】
諸手当は、それぞれ定める要件を満たし、かつ会社が認めた者にそれぞれ支給をおこないます。
2．社員は支給を受けていなかった手当について、その要件を満たしたとき、あるいは支給を受けている手当について、その要件を満たさなくなったときは、速やかに会社に申告しなければなりません。
3．前項に定める要件を満たしたことの申告が遅れた場合には、申告のあった日から権利が発生したものとみなします。また、申告が遅れたことにより、支給を受けた手当は会社に返還しなければなりません。
4．一給与計算期間中に欠勤等の不就労が生じた場合、本章に定める手当も控除をおこないます。

第16条　【支給の開始・終了】
法に定める法定割増手当を除く諸手当は、申請のあった日が属する給与計算期間の次の給与計算期間（ただし採用時に支給することが確定している場合には最初の給与計算期間）から支給を開始し、終了の申出があった日の属する給与計算期間まで支給をおこないます。

第17条　【虚偽の申告】
社員は諸手当について申告する場合には、虚偽の申告をおこなってはならず、不正に手当の支給を受けた場合には、その全額を会社に返還しなければなりません。
2．会社は必要に応じて、社員の申告を確認することができる書類の写しの提出を求めることができ、社員は応じなければなりません。

第2節　所定外手当

第18条　【通勤手当】

通勤手当とは、公共交通機関を利用して通勤する者に、経済的に合理的な通勤経路を考慮し、通勤に要する実費として定期券（月の所定労働日数の全てに出勤した場合）に相当する額（ただし、月額20,000円を上限とします。）を支給します。

第3節　定額割増手当

第19条　【固定時間外手当】

固定時間外手当とは、あらかじめ時間外労働が見込まれる者に対して、時間外割増賃金として支給する手当です。

２．手当の金額は個別に定めます。

第20条　【固定深夜手当】

固定深夜手当とは、あらかじめ深夜労働が見込まれる者に対して、深夜割増賃金として支給する手当です。

２．手当の金額は個別に定めます。

第21条　【固定休日手当】

固定休日手当とは、あらかじ休日労働が見込まれる者に対して、休日割増賃金として支給する手当です。

２．手当の金額は個別に定めます。

第4節　割増賃金

第22条　【定額割増手当】

固定時間外手当は、時間外割増賃金として支給する手当です。手当の金額は各々個別に定めます。

２．固定深夜手当は、深夜割増賃金として支給する手当です。手当の金額は各々個別に定めます。

3．固定休日手当は、休日割増賃金として支給する手当です。手当の金額は各々個別に定めます。

4．支給した固定時間外手当額、固定深夜手当額または固定休日手当が一給与計算期間内の法定割増の額に不足する場合、その不足額を支給します。

5．支給した固定時間外手当額、固定深夜手当額または固定休日手当が一給与計算期間内の法定割増の額を超過する場合であっても支給した固定時間外手当額、固定深夜手当額または固定休日手当は減額しません。

第23条　【法定割増手当】

法定割増手当は、法定外の労働時間、法に定める深夜時間に勤務すること、あるいは法定休日に就業することを命じられ、または承認を得て、その勤務に服した社員に支給します。

2．前項の手当の計算式を次のように定めます。

$$\frac{(\text{基本給}+\text{所定内手当})}{\text{月平均所定労働時間}}\times\text{支給率}\times\text{法定割増分の労働時間数}$$

3．前項の数式において次のとおり定めます。

(1) 月平均所定労働時間とは、1年間の総所定労働時間を12で除した時間とします。

(2) 支給率は次のとおりとします。

イ．時間外割増………………… 125%

ロ．深夜割増…………………… 25%（上乗せ分のみ）

ハ．休日割増…………………… 135%

(3) 法定割増分の労働時間とは、就業規則に定める手続きを経て承認を得た法定外労働時間、深夜時間および休日労働時間のみをいいます。

第4章　不就労の取扱い

第24条　【休業手当】

天災事変その他不可抗力による場合を除き、会社の都合により休業する場合には、休業1日につき労働基準法に定める平均賃金の100分の60を支給します。

2．就業規則に定める懲戒処分決定までの就業禁止期間中の給与については、前項に準ずるものとします。

第25条　【欠勤、遅刻、早退、私用外出による不就労の場合の給与控除】

会社は、社員が遅刻または私用外出し、さらに所定労働時間に満たない場合、給与の支給にあってはその不就労時間に相当する所定内給与、所定外手当および定額割増手当を控除して支給します。

2．会社は、社員が遅刻または私用外出し、さらに所定労働時間を満たす場合には、給与控除をおこないません。

3．会社は、社員が早退した場合には、給与の支給にあってはその不就労時間に相当する所定内給与、所定外手当および定額割増手当を控除して支給します。

4．会社は、社員が欠勤した場合には、給与の支給にあってはその不就労日数に相当する所定内給与、所定外手当および定額割増手当を控除して支給します。

5．第1項から第4項の不就労日数、時間の計算に当たっては、【給与計算期間および支払日】に定める給与計算期間ごとに当該期間中の不就労日数及び時間を計算します。

6．第1項から第4項に関わらず、労働基準法第41条に規定する監督もしくは管理の地位にある者については給与控除をおこないません。ただし、休職となった場合の休職期間は給与を支給しません。

第26条　【休暇中の給与】

就業規則に定める休暇中の給与は次のとおりとします。

(1)　年次有給休暇……………………………… 通常の賃金を支給します。
(2)　特別休暇………………………………… 通常の賃金を支給します。
(3)　産前産後休業…………………………… 無給
(4)　生理休暇………………………………… 無給
(5)　育児休業………………………………… 無給
(6)　介護休業………………………………… 無給
(7)　子の看護休暇…………………………… 無給
(8)　介護休暇………………………………… 無給

第27条　【育児、介護、母性健康管理のための時間・休業中の給与】

就業規則に定める育児、介護、母性健康管理のための時間・休業の規定に基づき就労しない時間および日の給与は支給しません。

第28条　【休職期間中の給与】

社員が休職を命じられたときは出向休職の場合を除き、給与を支給しません。

2. 会社が特別の事由により、前項により難いと認めたときには、個別にその取り扱いを定めることがあります。

第5章　給与の改定

第29条　【給与の改定時期】

定期昇給は実施しません。

2. 社員の給与の改定は、会社業績、世間動向、年齢、勤続年数、経験、勤務能力、勤務態度を勘案して必要に応じて実施します。
3. 会社の経営状況や経営環境が変動した場合等には、臨時に降給改定をおこなうことがあります。

第30条　【昇給】

月例給与の昇給は、次の場合におこないます。

(1) 人事評価の結果において会社が定める一定水準以上のとき
(2) 昇格したとき
(3) 新規採用後の者で採用後の人事評価により、採用時の給与を修正する必要があると認めたとき
(4) その他、勤務態度や能力、会社業績等を考慮し、昇給に値すると会社が判断したとき

第31条　【降給】

月例給与の降給は、各人毎に次の場合におこないます。

(1) 人事評価の結果において会社が定める一定水準以下のとき

(2) 降格したとき

(3) 新規採用後の者で採用後の人事考課により、採用時の等級ないし給与を修正する必要があると会社が判断したとき

(4) その他、勤務態度や能力、会社業績等を考慮し、降給に値すると会社が判断したとき

第32条 【手当の金額変更】

手当の金額変更は、原則としてそれぞれの手当の支給要件に変動があった該当月の給与計算期間から変更します。ただし減額の場合は日割計算とします。

第6章 臨時給与

第33条 【賞与】

賞与は会社業績に応じ、社員の勤務成績、能力評価など総合的に勘案し、支給の有無、金額を個別に決定します。

第34条 【賞与の受給資格者】

賞与の受給資格者は、当該支給日に在籍する者とします。ただし、勤続6か月に満たない者は除きます。

附則

この規則は20○年○月○日より施行します。

この規則および各規程の改廃にあたっての責任者は、総務担当管理職とします。

この規則および各規程の解釈適用について、懐疑または紛議が生じた場合の解釈の決定および紛議の解決は、総務担当管理職が責任者としてこれを決定することとします。

この規則および各規程の解釈適用についての紛争に関する訴訟の管轄裁判所は、会

社の本店所在地を管轄する地方裁判所とします。

さくいん

な

は

ま

や

ら

わ

▶▶▶会社紹介

保険サービスシステム株式会社

1999年設立。企業のリスクマネジメントと保険管理を行う保険コンサルティング会社。「保険会社の代理店」としてではなく、「お客様の代理人」としての立場で、保険の全社比較はもちろん、社会保険・共済制度の活用や保険を解約することも含めて、あらゆる選択肢から最良の手法をご提案する「ベストアドバイス」を行う。

保険サービスシステム社会保険労務士法人

2010年設立。独自のリスク管理型就業規則の作成システムを開発。「労務リスクをなくし、中小企業を守る」を使命とし、経営者側に立ったスタンスで、就業規則作成・労務問題に関するコンサルティングを行い、テレビ番組「賢者の選択」にも取り上げられた。また、年間100回近くのセミナー・勉強会を開催する。

▶▶▶著者紹介

馬 場　栄／取締役　特定社会保険労務士
伊藤　幸広／社会保険労務士
矢島　秀悟／社会保険労務士
沖村　和幸／社会保険労務士
貴船　泰幸／社会保険労務士
日浅　勝和／社会保険労務士
久保田俊史／社会保険労務士
岩 下　等／社会保険労務士

著者との契約により検印省略

平成30年３月31日　初 版 発 行

労務トラブルから会社と従業員を守る
就業規則の作り方

著　者　保険サービスシステム株式会社
　　　　保険サービスシステム社会保険労務士法人
発行者　大坪克行
製版所　株式会社技秀堂
印刷所　税経印刷株式会社
製本所　牧製本印刷株式会社

発行所　東京都新宿区下落合２丁目５番13号　株式会社 **税務経理協会**

郵便番号 161-0033　振替 00190-2-187408　電話(03)3953-3301（編集代表）
FAX(03)3565-3391　(03)3953-3325（営業代表）

URL http://www.zeikei.co.jp/

乱丁・落丁の場合はお取替えいたします。

ISBN978-4-419-06520-1　C3034